Déconditionnez -VOUS !

Collection « L'Existentielle ».

ISBN : 978-2-7029-2676-5

www.editions-tredaniel.com
info@guytredaniel.fr
www.facebook.com/tredaniel.reflexion
@tredaniel_reflexion

Johanna ROZENBLUM

Déconditionnez-vous !

Tout comprendre aux schémas de pensée qui nous enferment

LE COURRIER
DU LIVRE

27, rue des Grands-Augustins
75006 Paris

Sommaire

Introduction

« Je pense, donc je suis », disait René Descartes dans son *Discours de la méthode*. Le philosophe cherche une base. Un point fixe à partir duquel il sera possible de fonder le savoir et d'accéder à la vérité. Afin d'explorer son idée, il décide volontairement de mettre en doute toutes ses convictions pour ne préserver qu'une seule chose : lui. Descartes doute, donc, s'il doute, il pense, et s'il pense, alors il existe (1)[1]. Cette incertitude assumée, qui au départ rebattait les cartes du savoir pour tout remettre en question, devient source de découverte et de vérité propre. Il apprend.

Le doute se fait soudain la voie active vers le vrai.

Depuis quelque temps, c'est une autre question qui me vient à l'esprit. *Lorsque je pense, qui suis-je ?* Lorsque je rêve d'un métier dans lequel je sais pouvoir m'épanouir, mais que je ne me laisse pas l'opportunité d'essayer ou d'y croire, *qui suis-je* ? Lorsque j'estime mériter les coups que l'on m'assène et que j'apprends

1. Les numéros entre parenthèses indiquent de se référer à la bibliographie de fin d'ouvrage.

à endurer la souffrance, *qui suis-je ? Qui suis-je* lorsque je me lève le matin en portant un combat qui ne dépend pas de moi, qui ne me concerne pas, mais me maintient dans un sentiment d'échec permanent ? *Qui suis-je* encore lorsque je ne me sens pas capable, pas apte, pas à la hauteur de ce qui m'arrive au point de me croire imposteur ? C'est à se demander s'il s'agit bien de ma voix que j'entends. Mes croyances m'appartiennent-elles vraiment ?

Au fond de moi, qui murmure ?

ALORS, QUI SUIS-JE, NU DES AUTRES ?

En examinant les choses de plus près, à quelques minutes d'un entretien de travail, assommé d'appréhension et de certitudes concernant mon incompétence, c'est bien l'opinion d'un ancien professeur me disant de revoir mes ambitions à la baisse et de miser peut-être moins haut que ce que j'entends marmonner au creux de mon oreille. C'est peut-être le poids d'une éducation insécure et dysfonctionnelle qui ne me permet pas de comprendre ce que je vaux et m'englue dans des relations toxiques où la violence est banalisée. Ce sont les cris des combattants, des résistants de mon histoire familiale qui m'imposent la responsabilité, le devoir de réussite, au point de me faire sombrer dans l'insatisfaction permanente ou l'anxiété. Mais qui suis-je en dehors de ces messages qui sont autant de vécus qui m'imprègnent ? Suis-je voué à être tantôt l'un, tantôt l'autre ? Dois-je passer d'une attente à une responsabilité, d'une éducation à un principe ? Mais si je ne suis plus un peu vous tous, un peu la société, un peu l'histoire de ma lignée, alors qui suis-je ? Il existe sans doute un chemin où je peux me construire, riche de mon histoire, du monde dans lequel je me suis construit sans en faire des diktats à penser. Un sentier qui ne serait pas préécrit, mais que j'alimenterais d'essais et d'erreurs, par et pour moi-même. Une direction où je serais émancipé des influences qui me déterminent depuis bien avant ma naissance, un espace où mon libre arbitre m'autoriserait à me définir.

DANS CE CAS, TOUT S'OFFRIRAIT-IL ENFIN À MOI ?

Si je n'ai pas l'obligation d'être un peu des autres, un peu de la société, un peu de mes traumas familiaux, quelles permissions vais-je m'autoriser pour exister réellement en tant que tel ?

Ces interrogations, nous sommes tous amenés à nous les poser. Car, un jour, notre histoire nous rattrape et il faut faire avec. Un jour, lors d'une période qui ne nous est pas favorable, ce sont nos propres limites héritées du passé qui deviennent les ennemies. **Le problème n'est pas la circonstance, pas l'épreuve, mais l'incapacité à se croire en mesure de prendre une nouvelle décision.** Une résolution qui libère, mais qui fait changer du cap habituel. Nous ne sommes pas que l'instant présent. Lorsque nous nous imaginons avoir atteint nos limites au point de capituler, nous sommes l'enfant, l'élève, le parent, l'aïeul… Nous croulons sous le poids des mots limitants de l'éducation d'un père, d'un système familial dysfonctionnel, d'un environnement qui ne nous correspond pas. Nous sommes un cumul de tout cela, et c'est dans ce brouet que se cache le libre arbitre. La capacité à se libérer. La tâche est rude, et il faudra bien accepter la difficulté de travailler à se défaire de ses programmations. Mais de cette confrontation

> Chacun est prisonnier de sa famille, de son milieu, de son métier, de son temps. […] Alors penser, vraiment, c'est refuser, c'est dire non, c'est penser contre soi !
>
> **Jean d'Ormesson, écrivain français, membre de l'Académie française**

va naître et se forger une nouvelle version de soi. Une variante qui saura choisir, penser librement, par et pour soi-même.

QUE NOUS DIT NOTRE HISTOIRE ?

Obéis et je t'aimerai. Travaille plus et tu réussiras. Adapte-toi pour être accepté. Ne te fais pas remarquer et avance. Prends conscience de tes limites... Mais, lorsque la réalité vient contredire ces schémas de pensée, c'est tout un système qui est à revoir. Il n'y a d'un coup plus de certitudes, plus de chemins tracés, seulement un champ des possibles sans bornes qui peut se transformer en une peur abyssale de l'inconnu. C'est précisément à cet instant de doute que le changement s'avère concevable. C'est à ce moment qu'il sera possible d'apprendre à accepter que certaines de nos évidences sont en réalité des fausses croyances.

Non, l'obéissance n'est pas une condition de l'amour. Non, le nombre d'heures consacré à travailler n'a rien à voir avec l'estime de soi. Non, baisser la tête n'est pas signe d'humilité. Se normer ne sert qu'à s'effacer dans une masse lactescente qui phagocyte les personnalités. Le rêve est possible pour chacun, car il ne connaît par définition aucune limite. Alors, peut-être va-t-il falloir prendre conscience de son fonctionnement avant d'entamer sa déprogrammation pour aller au bout de ses rêves ? Ne pas chercher de responsables ni réclamer la réparation, il ne s'agit pas de cela, mais se demander : *qu'elle est mon histoire et comment m'émanciper de mes douloureux héritages psychogénéalogiques pour me libérer de schémas dysfonctionnels ? Comment accepter ma singularité et m'autoriser à exister tel que je suis, émancipé des attentes des autres ?* Tout cela demande à intégrer que la désapprobation, l'indépendance de penser ne sont pas des désamours. Ce ne sont pas des coups de poignard à l'encontre de ceux qui nous ont appris ce qui est bon et juste. Ce sont des choix destinés à nous faire du bien, et à nous permettre d'avancer sur notre propre chemin pour, enfin, apprendre à nous connaître.

MAIS POURQUOI DÉJOUER NOTRE HISTOIRE ?

Raisonner librement pour choisir sa vie, en faisant des choix affranchis. Ces prisons que l'on s'impose sont gardées par nos craintes de changer, par des conditionnements, ces habitudes dont nous avons du mal à nous défaire.

Elles sont en réalité des patterns inconscients, des postulats acquis et jamais remis en cause. Jamais interrogés. Gobés. Ces règles nous viennent sous forme de pensées non réfléchies, fruits d'un formatage à l'œuvre depuis notre naissance, parfois même la précédant. Ce sont ces assertions primitives qui, travaillées, conscientisées et nommées, permettront de se pencher sur sa vraie nature, ses besoins assumés pour ne plus obéir à des modèles de pensée préfabriqués.

L'axe de réflexion de cet ouvrage est donc le suivant : *suis-je libre de penser ?* Décider par moi-même, affranchi de mes croyances induites par mon éducation, mon environnement social, mon histoire. A priori, rien ni personne ne peut m'infliger de limites à examiner, évaluer, rêver, et pourtant... Des freins restent cependant comme tatoués, inscrits dans une filiation transgénérationnelle malgré elle, digérée, puis adoptée, dans une société qui me moule à son image. Empêtré par fidélité ou inconscience dans des schémas de pensée qui ne sont pas les miens, la question du libre arbitre se pose. Je me demande comment nous libérer de nos réponses automatiques.

Combien de fois avez-vous rêvé secrètement de vous sentir capable de faire autrement ? De vous délester du poids de la peur ou de votre histoire ? Sommes-nous seulement conscients de notre incapacité à croire qu'il est possible de s'émanciper pour penser par soi-même ? C'est en se connaissant, en cherchant en soi la personne que l'on est véritablement, qu'il devient possible de trouver sa voie. Socrate le disait déjà en son temps.

MAIS TROUVER QUOI ? ET PAR QUEL MOYEN ?

Ce livre a vocation à faire la lumière sur certains de nos comportements directement liés à la façon dont nous avons été formatés. C'est une invitation à l'introspection, cette prise de conscience de ce qui fait barrage à notre libre arbitre. Si l'on en croit les philosophes stoïciens, la connaissance de soi est la première connaissance à acquérir, car tout ce que nous avons entendu à répétition, tout ce que nous avons eu comme modèles sociaux, parentaux et tous les événements que nous avons vécus depuis notre plus tendre enfance constituent une sorte de programmation à penser. Ces schémas influencent nos réactions, nos croyances et, par voie de conséquence, nos décisions. Ils font de notre histoire un récit en partie déjà écrit.

Heureusement, **notre cerveau peut être reconditionné** et nos canevas de pensée, révisés. Pour cela, il faut parvenir à se placer, en conscience, en dehors de toutes croyances enracinées qui, en réalité, ne nous appartiennent pas. Différencier le « nous » du « je ». Devenir individuel et libre pensant. Pour parcourir son propre chemin et trouver les conditions de son bonheur. Jiddu Krishnamurti, penseur et philosophe indien de notre temps, postule que, pour transformer sa psyché, c'est-à-dire son âme, et accéder à la liberté, l'humain doit travailler sur son « vieux cerveau conditionné ». Il affirme que, pour découvrir sa propre vérité, il faut être libre de tout conditionnement, de tout dogme et de toutes croyances induites qui agissent comme des formes d'autorité auxquelles nous nous soumettons [2]. Retrouver cette solitude de pensée, c'est être incorruptible. Innocent. C'est être libre de toutes convenances, de tous préceptes, de tout jugement d'autrui. **Cet état d'accord intrinsèque survient lorsque l'on comprend par soi-même, et non au travers du prisme de l'autre.** Ce sont toutes ces prises de conscience qui permettent à chacun de se voir tel qu'il est et non tel qu'on aimerait qu'il soit d'après des idéaux culturels, sociaux ou encore familiaux. Ces découvertes exigent de s'écouter véritablement puisque le bonheur, c'est d'être soi. Cela demande de s'observer avec honnêteté, d'examiner la manière dont on pense et à qui cela nous fait penser. Cela exige de lâcher prise souvent, de laisser mourir ce que l'on a acquis, car tant que la mécanique de la pensée n'est pas clarifiée, elle demeurera étroite, limitée, conditionnée.

Il faudra parfois assumer de s'affranchir du poids de son enfance ou de son éducation sans craindre de les désavouer. Rendre visible sa singularité, aussi atypique soit-elle, et sortir du cadre. Apprendre à dire non ou dire différemment, mais en accord avec ses convictions. Il faudra très certainement regarder son histoire sans condamner ou juger quiconque afin de repérer les traditions, les réflexes, les idéologies, les croyances qui continuent d'empaqueter notre esprit à chaque seconde [3]. **Cette révolution spirituelle n'advient que si l'esprit abandonne ses réflexes de pensée antérieurs. Enfin, alors, nous pourrons prendre le recul nécessaire et nous atteler à vivre notre vie pleinement.**

En complément de notre réflexion psychologique et grâce aux progrès des neurosciences, d'études scientifiques internationales

> Ce n'est que lorsque
> je peux oublier toutes
> mes connaissances,
> effacer toutes les
> informations acquises
> – qui pourront être utilisées
> ultérieurement –, ce n'est
> qu'à ce moment-là que
> je peux découvrir quelque
> chose de nouveau.
> Je ne peux faire aucune
> découverte en portant
> le fardeau du passé,
> le fardeau d'un savoir.
> Voilà une évidence
> psychologique.
>
> **Jiddu Krishnamurti, penseur indien**

sur le conditionnement cérébral et l'apprentissage, nous comprendrons comment se construisent nos croyances. Les objectifs seront d'identifier les bénéfices, mais aussi les freins de ce reformatage pour, enfin, vous offrir des clés et des conseils pour vous libérer. Grâce à des témoignages et des exercices pratiques, nous vous guiderons sur le chemin du renouveau afin que vous puissiez mener une vie au plus près de vos aspirations profondes en écho à votre personnalité enfin assumée.

Cet ouvrage ne prône aucune méthode. Il n'est pas une énième fable vantant une recette miracle pour accéder à une meilleure version de soi-même. Il est ici question de partager avec vous des savoirs afin que leur acquisition vous permettent de vous éclairer sur certaines notions capitales, pour que chacun trouve ses solutions. Nous partirons loin dans le temps, aux côtés des philosophes stoïciens pour revenir à toutes les connaissances que nous avons aujourd'hui en matière de neurosciences et de psychologie. **Cette approche en entonnoir a vocation à donner les clés de compréhension à chacun pour lui permettre d'être maître de ses pensées, de trouver ses propres antidotes et de développer puis d'affirmer sa volonté.**

LES ANNÉES PASSENT...

J'ai 8 ans, je crois.

Je n'en suis pas sûr, mais, de mémoire d'enfant, on ne m'a jamais aimé. Non, ce n'est pas grave. Je sais faire sans amour, sans qu'on me témoigne rien. Je suis souvent seul, du coup, on m'embête moins. C'est une bonne stratégie, ça, pour moi, d'être seul, parce que plus je m'isole, moins je suis en danger. En tout cas, c'est ce que je crois. Alors, je reste beaucoup dans ma chambre, et comme personne semble s'en inquiéter, eh ben, ça ne change pas... Parfois, un autre enfant vient me voir pour jouer. Un « copain de l'école », on dit. Même si en vrai c'est pour se moquer, je le sais, mais je le laisse faire. Au moins, à la maison, on ne dira pas que j'ai un problème, que je mérite ce qui m'arrive ou que je suis bizarre. Comme si j'étais responsable de ma tristesse. J'ai grandi en pensant que j'avais de la chance que certains s'intéressent à moi. N'importe qui, pourvu que quelqu'un fasse attention à moi.

Aujourd'hui, ce sont les gens qui décident s'ils veulent de moi ou pas. Je suis en attente d'approbation, de validation. J'accepte tout à condition que l'on m'accorde un peu d'intérêt. Je suis bien incapable de vous dire ce que j'aime ou cc quc jc vcux. Mon choix, c'est celui des autres, car, si j'obéis, je serai aimé. L'amour que l'on me porte repose sur ça, ma capacité à m'adapter, à me fondre dans les désirs de mon entourage pour qu'on ne m'abandonne pas.

LES ANNÉES PASSENT...

J'ai 14 ans.

Pour faire partie du groupe, je dois faire comme tout le monde, mater du porno et écouter du rap. Je ne me retrouve pas dans la majorité. Je suis rempli d'émotions et le monde m'affole. J'aime ma douceur. Mon père me dit que je suis un homme, que j'en ai, une paire entre les jambes, et que ça doit servir, que je dois m'endurcir et aller de l'avant, sinon je vais me faire bouffer par les autres. Je dois me battre comme un garçon, il paraît, parce qu'être sensible, c'est être fragile. À croire qu'il ne me voit pas réellement, qu'il tente de faire

de moi son idéal masculin à lui. Alors, s'il faut revêtir tout un tas de stéréotypes pour avancer et mériter d'être son fils, je vais essayer. Il est hors de question que l'on me voie comme une victime.
Aujourd'hui, je suis un prédateur, et, pour moi, la meilleure défense, c'est l'attaque. Mes émotions ne me guident pas, je les laisse aux autres. Je ne donne rien à percevoir de moi, ni mes peurs ni mes besoins. Une vraie machine. Lorsque je me regarde dans le miroir, je ne suis pas sûr de la personne que je vois. La vitrine semble bien plus revêche et rigide que mon esprit. À l'intérieur, je suis l'adolescent humilié. En fin de compte, je ne sais plus qui je suis, mais au moins j'avance envers et contre tous.

LES ANNÉES PASSENT...

J'ai 20 ans.

Je pleure tous les soirs. Pourtant, j'ai tout pour être heureuse. Ma vie prend une tournure inespérée, compte tenu d'où je pars. Ma mère m'a élevée seule. Ça n'a pas été simple. Je l'ai toujours vue souffrir. Elle n'a jamais pu profiter ni s'offrir de répit jusqu'à son décès il y a trois ans. Elle est tombée malade à 53 ans. Ma vie est plus simple que la sienne, et pourtant je ne la vis pas vraiment. J'en suis incapable. J'ai même honte d'être bien car, si je suis heureuse, je ne suis plus fidèle à ma mère. Si je suis heureuse, je m'éloigne un peu plus d'elle. Alors, pour que je la sente encore près de moi ou comme pour lui rendre hommage, je régresse et redeviens cette petite fille impuissante qui voit sa maman se débattre pour garder la tête hors de l'eau. Pour cela, je fais de tout un problème ou un combat à mener. Il n'y a pas de degré d'importance. Je lutte pour tout comme si le monde entier se dressait contre moi, du client intransigeant au retard du livreur de sushis.
Aujourd'hui, je m'empêche de vivre, de rire. Je ne baisse jamais la garde, comme plus jeune auprès de ma mère. Il paraît qu'il ne s'agit pas de batailler, mais de lâcher prise, pourtant, que se serait-il passé si ma mère s'était octroyé le luxe de « lâcher prise », hein ? Alors, je me sabote par fidélité, parce qu'elle me

manque et je m'en veux de ne pas l'avoir sauvée. Je ne m'autorise pas à être heureuse et en bonne santé. J'ai peur d'être en paix. Chaque soir, je redeviens l'enfant qui console son parent et je suis bloquée, je n'avance plus. Je revis la même vulnérabilité, celle que j'éprouvais quand ma mère était encore en vie et que j'étais à ses côtés.

LES ANNÉES PASSENT...

J'ai 30 ans.

Je peine à trouver ma place auprès de mes proches depuis toujours. Avec le temps, j'ai su recréer une sorte de famille au travail. Je pourrais quasiment dire qui joue le rôle des parents, des frères, d'alliés ou d'ennemis jurés. Grâce à mon activité, je me fais connaître, et plus je me dépasse professionnellement, plus j'ai l'impression de savoir qui je suis et ce que je vaux. Je réussis à m'évaluer, en somme. Pour certains, j'incarne le symbole de la réussite, pour d'autres, le collègue à abattre, mais peu m'importe, car j'ai une place, un statut, un espace. Les gens de cette famille artificielle viennent à moi et me sollicitent. C'est le théâtre de mon rêve de reconnaissance des miens, fine équipe dont je ne fais plus partie depuis longtemps. Alors, faute de mieux, je continue de générer chaque jour des conflits quasi familiaux. Un jour, j'en veux à mon collègue de ne pas m'avoir invité à son anniversaire, un autre, je rentre en guerre avec mon chef qui ne me met pas systématiquement en copie des e-mails, un autre encore, je passe la soirée à conseiller un nouvel arrivant, comme aurait pu le faire un grand frère. Aujourd'hui, je suis en burn out, en arrêt de travail depuis des mois, car mon corps ne supporte plus cette quête. Je suis épuisé. Je suis harassé, saturé par mes mises en scène inadaptées. Cette énergie dépensée à fabriquer ce qui n'existe pas, c'est-à-dire des liens du sang, m'a abattu. Plutôt que d'accepter mon histoire et d'en faire quelque chose, j'ai voulu fabriquer une chimère à partir du vide. C'est comme vouloir peindre une œuvre d'art avec une craie blanche. Beaucoup de travail pour rien.

I

La liberté d'être soi : de l'Antiquité à nos jours

La liberté, c'est l'indépendance de la pensée.

Épictète, philosophe stoïcien

En préambule

Attardons-nous un instant sur le sens de la liberté de pensée. Étymologiquement, cette locution est composée de « liberté », du latin *liber* et de « pensée » issu du bas latin utilisé durant l'Antiquité, *pensare. Ce terme* doit s'entendre au sens de peser, évaluer, examiner. Cette expression simple fait donc référence à la faculté de concevoir ou de raisonner, d'avoir une opinion propre, fruit d'une réflexion affranchie. C'est précisément l'ensemble de ces processus cognitifs qui permet à chacun de nous d'élaborer des idées, de faire des choix en partant d'une réalité perçue, et cette capacité, nous l'avons tous. **La liberté de pensée, c'est le droit de penser selon nos souhaits, d'avoir un point de vue personnel possiblement contraire à celui d'une majorité.** Cette notion est apparue durant la Renaissance entre les XIVe et XVIe siècles, puis a largement été étudiée et prônée par les philosophes des Lumières qui verront dans ce concept de liberté un moyen de combattre l'absolutisme monarchique et l'obscurantisme religieux [4]. Au travers de Descartes, Spinoza, Locke, c'est un combat contre l'irrationnel et l'arbitraire qui est mené grâce au renouvellement du savoir [5]. Pour eux, faire confiance en notre capacité à examiner correctement le monde, pour nous débarrasser des croyances et écouter la raison, est une faculté précieuse : celle de l'entendement. C'est grâce à l'entendement que le savoir éclairé reste accessible. Mais pour que cet ensemble de connaissances soit le plus exhaustif possible, il faut chercher à comprendre le monde et l'humain de manière empirique, c'est-à-dire à partir de l'expérience. Ainsi, pour les philosophes des Lumières, l'occasion de penser aux notions d'autorité et de pouvoir pour se soulever contre l'ignorance et l'injustice demeure indispensable. Liberté de culte, liberté d'expression, liberté individuelle… La question de la liberté est fondamentale, au centre de tout. À la question de comment y accéder, les philosophes répondent par l'éducation. **Ce n'est qu'en développant leurs connaissances que les hommes gagneront plus de savoir et pourront, de ce fait, embrasser la liberté.** C'est dans cette entreprise que le philosophe Denis Diderot et le mathématicien Jean Le Rond d'Alembert, avec l'aide d'environ cent quarante contributeurs, relèvent le défi de rédiger durant une vingtaine d'années l'*Encyclopédie*, un dictionnaire recensant les savoirs et les théories dans de nombreux domaines de connaissance, pour aider à aboutir à une meilleure façon de voir et de comprendre le monde.

> Une volonté libre et une volonté soumise à des lois morales sont par conséquent une seule et même chose.
>
> **Emmanuel Kant, philosophe prussien**

Cette œuvre monumentale, au travers de 17 volumes et 72 000 articles pensés par les esprits les plus prestigieux de leur temps, veut montrer que le progrès existe et qu'il résulte d'une longue accumulation de découvertes et de déconstructions de certitudes. Elle enseigne également le développement d'un savoir universaliste et reste encore, à l'heure actuelle, une référence précieuse pour nombre de lecteurs et de penseurs.

Ce renouveau intellectuel, et l'influence des écrits sur la liberté de conscience, a fait de la liberté de pensée l'un des droits fondamentaux affirmé dans la *Déclaration des droits de l'Homme et du citoyen*, adoptée le 26 août 1789. Et, dans la Déclaration universelle des droits de l'homme approuvée à Paris le 10 décembre 1948 par les 58 États membres qui constituaient alors l'Assemblée générale, figure l'article 18 [6] :

« Toute personne a droit à la liberté de pensée, de conscience et de religion ; ce droit implique la liberté de changer de religion ou de conviction ainsi que la liberté de manifester sa religion [...]. » Finalement, la liberté serait de ne pas être contraint, de pouvoir s'accorder une constante évolution. Rappelons évidemment que cela s'entend dans la limite de ce qui pourrait nuire à autrui. Cette disposition nécessite un élément essentiel que nous ne pouvons minimiser, c'est la faculté de choisir.

Pour Emmanuel Kant, philosophe prussien du XVIIIe siècle qui considérait la liberté comme la question de fond de la philosophie, seul un être moral peut être libre. D'après lui, la liberté est étroitement liée à la notion d'autonomie. Elle relève de l'obéissance aux lois que l'on se crée soi-même. Il s'agit donc de respecter ses engagements propres, de s'être fidèle [7].

Le philosophe nous dit, en filigrane dans son œuvre, que nous sommes libres uniquement lorsque nous agissons moralement.

Pouvoir avancer indépendamment de tous principes extérieurs est une jouissance des êtres doués de raison, explique-t-il. Il y a bien, dans sa vision de la liberté, une part de libre arbitre, qui permet à chacun d'entre nous d'être pour ou contre, puis de choisir sa direction [8]. **En résumé, Kant nous démontre que c'est bien grâce à la morale que l'on se sait libre, et que cette liberté passe par « l'autocontrainte » aux lois que l'on se construit soi-même.** Autrement dit, la liberté est un respect de ses engagements, une conformité à soi, à sa pensée propre et éclairée. Pour certains, le kantisme est désuet, dépassé. Pourtant, en postulant que l'Homme est autonome, libre et responsable grâce à la raison, en le validant dans ses écrits comme résolument acteur de ses choix, il a révolutionné la philosophie. Aujourd'hui encore, les notions de liberté et de liberté de pensée échauffent les esprits. Elles restent difficiles à définir de façon consensuelle et ne cessent de faire débat.

Être libre, c'est s'opposer au serf, à l'esclavage. C'est disposer de sa personne, de sa pensée. Être libre et libre de penser, c'est ne pas être soumis à la volonté de l'autre. **En ces termes, la liberté reposerait sur l'idée de ne jamais être empêché de faire quelque chose, de ne pas être entravé. C'est en tout cas ainsi que la définit Thomas Hobbes dans le *Léviathan* [9].**

Pour le philosophe et sociologue révolutionnaire Karl Marx, la pensée de chacun est déterminée en partie par ses conditions d'existence, c'est-à-dire la société dans laquelle il vit depuis sa venue au monde. L'autre demeure un point de départ. Une donnée avec laquelle il faut composer, car on ne peut être pleinement libre et libre de penser que si l'autre l'est également. En résumé, **la liberté marxienne ne se réalise que dans le cadre de la communauté et dans notre pouvoir à dépasser les contraintes qui nous empêchent de révéler notre potentiel d'êtres humains.** Atteindre ce qui est, selon lui, la vraie liberté consiste donc à s'affranchir de certains fardeaux matériels et sociaux hérités à notre naissance [10]. Marx ne reste pas dans les esprits comme un « philosophe de la liberté ». Il pense la liberté essentiellement de manière politique et explique que nous ne pouvons être libres que dans une société homogène, sans domination et civilisée.

Pour le célèbre médecin autrichien fondateur de la psychanalyse, Sigmund Freud, la pensée est déterminée par l'inconscient. C'est une entité distincte dans laquelle se rangent pulsions, désirs et traumatismes. Distincte, car l'inconscient agit à notre insu, comme en autonomie de notre activité psychique lucide, conditionnant ainsi nos comportements et nos pensées. Dans l'*Introduction à la psychanalyse,* Freud écrit « Le moi n'est pas maître en sa demeure » [11]. Le neurologue, intrigué par certaines de ses patientes victimes de crises hystériques en dehors de toutes pathologies somatiques, décide de s'intéresser au fonctionnement du psychisme. Son objectif est double, il souhaite théoriser le fonctionnement psychologique humain, d'une part, et proposer une nouvelle approche thérapeutique qu'il appellera « cure analytique », d'autre part. Selon lui, la pensée humaine ne se résume pas à la conscience sous sa forme intellectuelle, bien au contraire. Il résume que la pensée consciente n'est qu'une infime parcelle du psychisme, dont la plus grande demeure donc dominée par l'inconscient. **Le *moi* ne serait donc ni le propriétaire de ses pensées ni celui de ses actions, idée pourtant héritée du cogito cartésien « je pense, donc je suis ».** Les exemples les plus parlants pour Freud restent les rêves et les actes manqués. Donc, en acceptant de ne pas être pleinement conscient de mes schémas de pensée au moment où je pense, je peux, à force d'analyse et de travail réflexif, tenter d'en prendre conscience. Ainsi, il deviendra possible d'agir dessus et d'avoir le choix de ne pas être déterminé par ce sombre morceau refoulé de mon cerveau, l'inconscient. Au lieu de subir l'inconscient, devenir l'auteur de son vouloir, l'artisan de son libre arbitre [12]. Le travail psychanalytique consiste précisément à prendre conscience de ses déterminismes refoulés et de conquérir, au travers d'une meilleure connaissance de soi, une plus grande liberté de pensée.

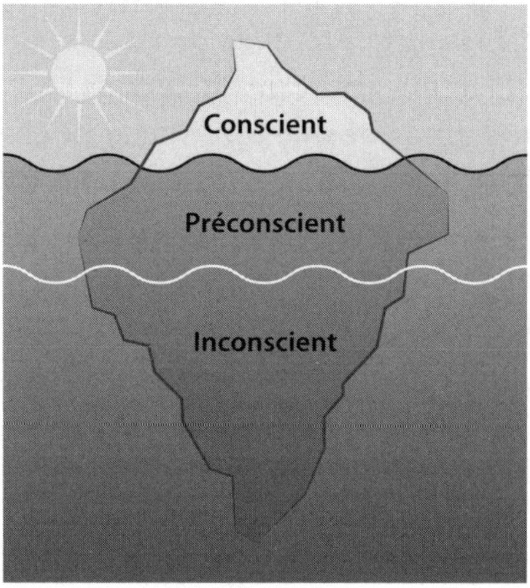

C'est précisément le propos du philosophe néerlandais Spinoza, qui explique dans l'*Éthique* que l'homme se croit libre tant qu'il ignore ce qui le détermine dans ses actions et ses désirs [13]. Il illustre son propos de la façon suivante avec l'exemple de la pierre : si une pierre qui tombe avait un esprit, elle se croirait libre de faire cette chute. L'homme est comme cette pierre qui tombe, il se croit libre uniquement parce qu'il a conscience de son mouvement, mais sans voir les causes qui le poussent à suivre une telle trajectoire. C'est pour cette raison que Spinoza rappelle que nous appartenons à notre environnement et à notre histoire. Ce sont ces deux facteurs de base qui nous conduisent à agir de telle ou telle manière. Cette définition acerbe qu'a Spinoza concernant la liberté est souvent mise en balance avec la pensée de Descartes. Pour Spinoza, l'idée de la liberté selon laquelle l'homme est libre de faire ce qu'il désire est une erreur. C'est une conception illusoire qui marque l'ignorance des causes qui nous incitent à agir. Autrement dit, ce n'est pas parce que nous croyons que nous choisissons de manière délibérée que nous sommes réellement les acteurs de nos agissements. Pour Descartes, le libre arbitre est une question de volonté, la capacité d'affirmer ou de nier, de poursuivre ou de fuir, d'aimer ou de rejeter ce qui se présente à nous. Elle s'exprime dans l'expérience très spécifique de la détermination ou de la volonté de la libre pensée. Elle ne s'apprend pas, mais s'éprouve, se sent et tout simplement se vit dans l'action. Donc, plus la volonté nous détermine à faire un choix, plus la liberté s'exprime. Nous aborderons ce point un peu plus loin dans le livre.

POUR LA PETITE HISTOIRE

Si le philosophe Ludwig Wittgenstein admirait Freud, il n'en était pas moins critique envers la psychanalyse et la théorie de l'inconscient qu'il jugeait hypothétique [14]. Selon lui, cette discipline qui, le rappelle-t-il, n'est pas une science, confond la raison (subjective) et la cause (objective) : « La différence entre une raison et une cause peut être explicitée de la façon suivante : la recherche d'une raison entraîne l'accord de l'intéressé, alors que la recherche d'une cause est menée expérimentalement. » Avant lui, Jean-Paul Sartre, dans son célèbre ouvrage, *L'Être et le Néant*, cherche à répondre à la question « qu'est-ce que l'être ? » et en filigrane « qu'est-ce que la conscience ? » [15]. Il expliquera que la psychanalyse ne nous a rien fait gagner puisque, pour supprimer la mauvaise foi, elle a établi l'inconscient alors que l'essence même de l'idée de « se dissimuler » quelque chose implique l'unité d'un même psychisme. Ce dernier tendant, d'une part, à repérer et à maintenir la chose à cacher et, d'autre part, à la repousser et à la voiler. Les écrits d'Henri Bergson permettent néanmoins de moduler les propos de Sartre. Sans reprendre à son compte les propos freudiens, l'académicien et prix Nobel de littérature considère que la conscience ne peut définir notre psychisme à elle seule [16]. Ce dont nous n'avons pas conscience à l'instant n'a pas pour autant disparu. Notre état psychologique ne peut être que conscience, mais cette dernière est la marque du présent, c'est-à-dire de l'actuellement vécu. À l'inverse, ce qui nous limite, et nous rend impuissants à agir, se loge dans un état psychologique inconscient. Dans l'*Essai sur les données immédiates de la conscience*, Bergson prétend résoudre le problème de ce qui est conscient et de ce qui ne l'est pas par la liberté [17]. D'après lui, avant le choix, c'est l'ignorance de ce qui nous détermine qui nous pousse à nous croire libres. Par voie de conséquence, c'est la connaissance de ce qui nous a construits psychiquement qui nous montrerait qu'en réalité nos actions sont inéluctablement jouées par des causes antérieures. Être libre de faire, c'est donc comprendre que l'on est à la croisée de chemins, et choisir une possibilité préférable à une autre en connaissance de cause.

Les stoïciens

La philosophie stoïcienne nous apprend que, pour nous considérer comme libres, nous devons savoir où chercher la liberté. C'est dans l'étroitesse de notre pensée que se loge notre malheur. Certes, il existe un certain nombre de circonstances extérieures qui entravent cette liberté, mais le réel piège est en nous. Dans notre incapacité à prendre du recul pour penser, déconditionnés de notre environnement. Épictète, Aristote, Spinoza et tant d'autres montrent dans leurs textes que la véritable liberté réside dans la façon dont on décide de vivre avec une expérience. Elle deviendra alors un poids ou des ailes.

Le stoïcisme est un courant de pensée qui n'a cessé de se diffuser et de s'enseigner au travers des siècles. Il consiste à travailler sur soi-même en examinant sa conscience, mais aussi d'un point de vue plus pratique dans la vie de tous les jours. C'est par ailleurs une philosophie de crise, car Zénon de Kition le fonde en pleine période de conflits, lorsque les petits États indépendants disparaissent au profit des grands empires et que les Grecs peinent à trouver un successeur à Alexandre le Grand. **L'un des plus illustres penseurs stoïciens reste Épictète. Fils d'esclave né en 50 après J.-C., puis esclave affranchi, il se consacrera à l'étude et l'enseignement de la philosophie stoïcienne pour prouver que l'on peut être esclave, mais libre à la fois, comme on peut être un homme supposé libre mais, en réalité, esclave de lui-même.** À son sens, le philosophe n'a pas besoin de passer son existence à lire des textes théoriques sur la nature humaine pour devenir sage. La lecture est une initiation à la pensée, mais n'est en aucun cas une condition d'accès à la sagesse. Ce n'est pas l'accumulation des savoirs, mais la pratique de la vie qui l'emporte. Épictète n'a laissé aucun écrit, néanmoins

> Il n'y a qu'une route vers le bonheur, c'est de renoncer aux choses qui ne dépendent pas de notre volonté [...]. Accuser les autres de son malheur est le fait d'un ignorant.
>
> **Épictète, philosophe antique stoïcien**

ses propos ont été recueillis par l'un de ses disciples qui les a regroupés en plusieurs ouvrages. Sa philosophie est résolument centrée sur l'homme, l'effort, l'intention du bien et, surtout, du bonheur. Dans le stoïcisme, le bonheur désigne l'indépendance à l'égard des circonstances extérieures, et le détachement aux choses par la maîtrise de nos représentations subjectives. C'est une philosophie de la liberté intérieure qui a vocation à nous faire devenir une meilleure version de nous-mêmes. L'expérience de l'esclavage d'Épictète a été la base de sa pensée. Elle lui a permis d'expliquer que l'on peut très bien être un homme libre « juridiquement » et être un esclave intérieurement, de ses désirs, ses pulsions, une marionnette de son histoire. À l'opposé, un esclave, par définition, privé de liberté civique, peut acquérir l'indépendance du sage qui le rend libre. Ainsi, selon le philosophe, « est libre celui qui est comme il veut [...] » [18]. Toute cette notion de liberté stoïcienne repose sur la distinction entre les choses qui dépendent de nous et celles qui n'en dépendent pas. Ce qui ne résulte pas de nous englobe la réalité sur laquelle nous n'avons aucun pouvoir, comme la mort, la maladie, les catastrophes, notre éducation, les crises, les considérations d'autrui, bref, tout ce qui nous est extérieur. Ce que l'on contrôle concerne en revanche notre libre arbitre, nos réactions, nos jugements, nos choix ou notre envie de faire différemment. Ils relèvent de notre volonté.

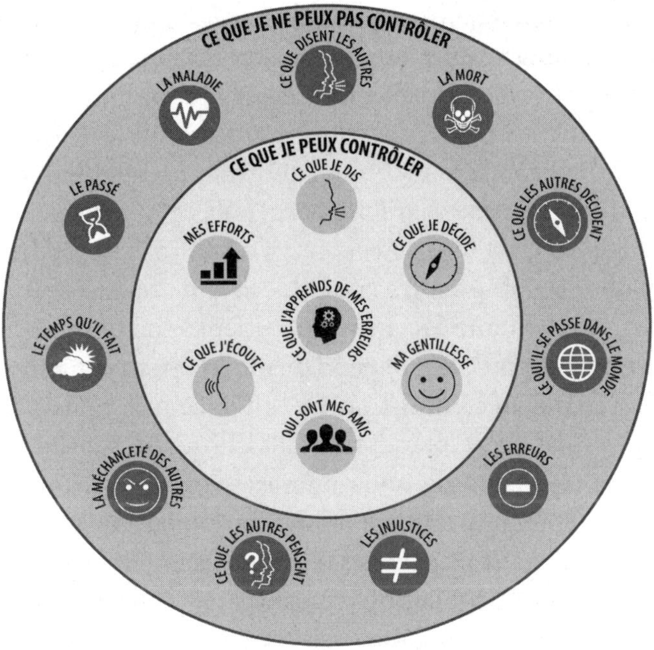

Le monde suit son cours et il ne convient pas à la vie de changer sa route en vue de nous satisfaire. C'est à l'homme lui-même de se satisfaire. Il est donc risqué, voire voué à l'échec, de faire porter son désir de bonheur sur ce qui ne relève pas de soi et sur les autres. Cette morale rappelle que, en dépit des difficultés du destin, nous demeurons libres de nos représentations et de nos opinions, et qu'il est possible d'agir. Nous pouvons, malgré le fait de ne pas maîtriser l'origine de notre histoire, les causes de nos souffrances, avoir un contrôle sur ce que nous décidons d'en faire. **Cette puissance qui permet de s'accomplir par soi-même,**

> Songe que tout n'est qu'opinion, et que l'opinion dépend de toi. Si tu es meurtri par des choses extérieures, ce n'est pas elles qui te perturbent, mais le jugement que tu en as. Et tu as le pouvoir d'anéantir ce jugement maintenant.
>
> Marc Aurèle, empereur et philosophe stoïcien

de réévaluer son jugement, ses désirs et ses opinions, est *la* définition de la liberté. En d'autres termes, c'est lorsque l'on parvient à comprendre et à maîtriser des représentations induites que l'on peut atteindre l'ataraxie, c'est-à-dire la tranquillité de l'âme.

En réalité, Épictète met une condition au bonheur, celle de l'acceptation. Agir de manière à accepter ce qui nous arrive, le voir ainsi, car c'est ainsi. Accepter, c'est faire le deuil de ce qui n'est pas, c'est comprendre la part de ce qui est extérieur à nous et s'offrir la possibilité d'avancer autrement à son tour. Il convient donc de découvrir ce qui dépend de moi ou pas, ce qui m'appartient ou ce qui m'a conditionné. Ainsi, ce que nous pouvons modifier, c'est notre perception des choses, des situations, et surtout notre vision de nous-mêmes. Nous avons toujours la capacité d'adopter un autre point de vue. Cela n'est pas une chose simple, mais il faut s'y exercer. Il est précisément là le travail de pensée libre, en l'acquisition de nouveaux patterns, car je peux changer ce qui dépend de moi, ce qui est en mon pouvoir, ma représentation des choses. Si Épictète accorde autant d'importance aux perceptions, c'est qu'il estime qu'elles définissent ce que l'on vit et ressent au quotidien : **je peux, par exemple, transformer le jugement en bienveillance, ou travailler à remplacer mon sentiment d'imposture par la capacité, ou encore troquer le mépris contre de l'amour-propre.** Les faits et dires d'autrui peuvent exister, mais ils ne doivent plus nous nuire, sinon ils font de nous des esclaves. Des prisonniers de nos représentations, elles-mêmes dictées par d'autres. L'équation se révèle sans fin. C'est un apport essentiel de la pensée des stoïciens que d'expliquer la liberté de chacun de se délivrer de fausses représentations. En définitive, la liberté de pensée est un élément constitutif du bonheur. En prenant conscience de ce que cette liberté est cadrée par ce que nous ne maîtrisons pas, ce qui ne dépend pas de nous, nous assimilons que nous ne pouvons agir que sur nous-mêmes. Tout le travail consistera donc en un équilibre, celui de comprendre ce qui ne nous appartient pas et que nous avons pris à notre compte (*je ne suis pas à la hauteur*), et l'action possible de prendre la liberté de se détacher de ses croyances (*essayons un peu pour voir*) afin de vivre en harmonie et avec authenticité. Cette faculté de voir les choses autrement demeure à la portée de tous. La preuve en est que, pour une même expérience, deux personnes vivront et intégreront une situation différemment. Prenons un exemple parlant : Camille et Julie sont collègues de bureau. Après un événement important, leur patron organise une réunion pour faire un point sur leur travail en équipe et leur faire part de ses retours. Camille ne prend pas bien les remarques. Elle se sent dénigrée et perd toute motivation pour l'avenir. Impossible de voir comment les choses pourraient s'arranger. À l'inverse, Julie les accueille avec intérêt. Elle sait très bien que l'on parle de son travail, et pas de sa personne, et se dit que, grâce à ce feed-back, elle va pouvoir améliorer ses compétences. Ce sont de nouveaux défis qui s'offrent à elle.

Si tu ne vois pas encore ta propre beauté, fais comme le sculpteur d'une statue qui doit devenir belle : il enlève ceci, il gratte cela, il rend tel endroit lisse, tel autre il nettoie, jusqu'à ce qu'il fasse apparaître le beau visage de la statue. De même, toi aussi enlève tout ce qui est superflu, redresse ce qui est oblique, purifiant tout ce qui est ténébreux pour le rendre brillant, et ne cesse de sculpter ta propre statue jusqu'à ce que brille en toi la clarté [...].

Plotin, philosophe néoplatoniste

Quels que soient les aléas malheureux de notre vie, le stoïcisme aide à les accepter, à les dépasser. C'est une philosophie thérapeutique résolument tournée vers la paix intérieure. L'éthique stoïcienne réside dans de simples préceptes pleins de bons sens, plus que jamais d'actualité. L'exemple d'Épictète, esclave affranchi et stoïcien ascétique reste un véritable modèle. Les notions d'acceptation de ce qui ne dépend pas de nous et de travail autour de ce sur quoi nous pouvons agir résonnent comme des évidences indiscutables. Toute la morale stoïcienne tourne finalement autour de la raison et du bon usage de la pensée qui doit rendre possible le développement d'un contrôle sur nos représentations. Il s'agit probablement d'un art. Il s'agit d'une capacité de mettre de la distance avec ce qui active nos émotions douloureuses, nos réponses ténébreuses aux hasards malheureux de l'existence. C'est un filtre de raison qui permet de se réguler pour se redresser. Chacun d'entre nous est amené à embrasser plusieurs rôles. Certains nous sont imposés par les circonstances de la vie, d'autres sont issus de choix singuliers. Tout l'enjeu sera de passer d'un chapitre à l'autre. À tous ces égards, le stoïcisme est une philosophie intemporelle et universelle.

EN BREF

Le stoïcisme est une véritable philosophie de vie qui propose de trouver sa nature profonde et qui peut se pratiquer au quotidien. Marc Aurèle, Zénon, Sénèque ou encore Épictète nous apprennent, au travers de leurs pensées, les préceptes d'une sagesse millénaire. L'objectif est d'atteindre l'ataraxie et le bonheur en prenant conscience de ses propres responsabilités dans cette aspiration. Sans cette prise de conscience, nous sommes voués à répéter des schémas sans même percevoir qu'écrire son propre chemin est possible. Il existe une voie entre ce que nous ne maîtrisons pas et les choix que l'on peut faire pour sortir du fatalisme du conditionnement psychologique.

Parmi la richesse de la pensée stoïcienne, voici cinq principes qu'il est bon de garder en tête :

1. Accepter ce qui ne peut être changé :
Épictète nous invite à apprendre à distinguer ce qui est de notre ressort de ce qui ne l'est pas. Autrement dit, il y a des choses qui dépendent de nous et d'autres, non. Ce qui dépend de nous, ce sont les désirs, les jugements, les pensées qui nous traversent et dont nous avons conscience, les choix que nous faisons, l'attention que l'on se porte. Ce qui ne dépend pas de nous, ce sont les réactions d'autrui, leurs opinions à notre égard, les événements douloureux de vie auxquels nous sommes confrontés sans crier gare : tomber malade, etc. Cette distinction doit nous conduire à concentrer notre attention et nos efforts sur ce que nous pouvons maîtriser. Tout le reste résulte d'une volonté dont nous ne pouvons pas grand-chose et qui peut nous faire souffrir si nous considérons vouloir le contrôler à tout prix. Admettre la réalité des choses et ce qui ne découle pas de notre volonté permet de vivre sereinement pour accéder, pas à pas, à une meilleure version de soi-même.

Ce qui dépend de toi, c'est d'accepter ou non ce qui ne dépend pas de toi.

Marc Aurèle, empereur et philosophe stoïcien

2. Attendre de comprendre l'émotion avant d'agir :
Une bonne compréhension se fait en conscience. Il ne s'agit pas de ne plus parler ou de ne plus rien ressentir, mais de bien parler et de bien ressentir les choses pour faire précéder l'action de la réflexion. La réaction

émotionnelle est souvent teintée de désir, de peur. La prise de conscience de ce qui se joue en soi nous amène à revenir à un état de pensée lucide et à ne pas réagir par mimétisme ou par passion. Elle permet de prendre une décision et d'agir avec la bonne posture. Sénèque donne l'exemple d'un ami malade que l'on viendrait visiter. Venir le soutenir est une bonne action si l'on se soucie de sa santé, ça ne fait aucun doute. En revanche, si l'objectif est de bien se faire voir, d'agir comme il « conviendrait », l'action devient égoïste ou malhonnête. Une démarche s'avère bonne si l'intention l'est aussi.

« Devant ce qui t'arrive, pense à rentrer en toi-même et cherche quelle faculté tu possèdes pour y faire face. Tu aperçois une belle personne ? Trouve en toi la tempérance. Tu souffres ? Trouve l'endurance. Tu te sens insulté ? Trouve la patience. En t'exerçant ainsi, tu ne seras plus le jouet de tes représentations. »

Épictète, philosophe antique stoïcien

3. Vivre ici et maintenant :

« Si l'on dépend de l'avenir, c'est faute de savoir exploiter le présent. »

Sénèque, philosophe stoïcien et dramaturge

La plupart de nos peines viennent de notre imagination. C'est notre faculté à extrapoler de façon dysfonctionnelle, au point de souffrir de ce qui n'existe plus ou pas encore, qui nous détruit. On souffre du passé en le regrettant, on souffre de l'avenir en le craignant. Mais que se passe-t-il aujourd'hui, ici, maintenant ? Vivre ici et maintenant, c'est s'accorder une pleine attention à soi, à nos pensées, à nos émotions. Il ne s'agit pas d'ignorer le passé ni le futur, mais une fois encore de prendre conscience du fait que ce que l'on vit au présent est ce qui reste plus que jamais sous son contrôle. C'est ce qui est dans nos mains.

4. Comme une tempête passagère :

« Quelle que soit l'épreuve qui te menace,
n'attends pas qu'elle t'atteigne ; regarde-la venir
et rejette-la au large. »

Sénèque, philosophe stoïcien et dramaturge

La visualisation est un exercice stoïcien largement repris en médiation de pleine conscience. Elle consiste à pouvoir contempler une difficulté ou une émotion négative à venir, pour prendre conscience de notre capacité à observer la situation et la traverser comme on croiserait une tempête. Cela permet de ne pas dépendre de ce qui se joue, mais de l'accepter pour en sortir indemne. Si l'on ne se fige pas sous la pluie, alors il est possible de continuer d'avancer et de voir la difficulté s'éloigner peu à peu.

5. Penser par soi-même :

« Ainsi donc je ne marcherai pas sur les traces
des anciens [...] ? Si je trouve une route plus
proche et plus unie, je me la paverai. Ceux
qui ont remué avant nous ces problèmes ne sont
pas des maîtres arbitraires de notre pensée [...]. »

Sénèque, philosophe stoïcien et dramaturge

Le stoïcisme n'a pas pour objectif de nous dire quoi faire ou comment penser, bien au contraire. Il nous donne les clés pour apprendre à penser par nous-mêmes, à partir de ses principes, selon son libre arbitre. Il faut donc être capable de se remettre en question, de découvrir pourquoi nous pensons ce que nous pensons pour ne pas suivre aveuglément des patterns dominants ou inculqués. Certains ont dû faire des choix, prendre des directions, c'est leur œuvre. Chacun doit pouvoir construire sa propre voie, celle qui lui convient et lui est favorable. Il n'y a pas de chemin tout tracé.

La théorie du libre arbitre

Être libre, c'est suivre son propre chemin, c'est la possibilité de s'accomplir. C'est pouvoir s'épanouir. C'est savoir prendre du recul sur ce que nous sommes, chercher les causes de nos souffrances, nous émanciper pour penser en dehors de l'influence de notre environnement.

René Descartes est un mathématicien, physicien et philosophe français du XVIIe siècle. Il est considéré comme l'un des fondateurs de la philosophie moderne, héritée de la pensée antique et modernisée par l'essor des sciences. Nous devons à Descartes une méthode fondée sur la raison, avec, au centre de ses réflexions, la question : « Comment accéder à la vérité ? » C'est une révolution philosophique qui amorce un décrochage avec l'enseignement scolastique européenne alors dominante à cette époque, qui consistait à relier les dogmes chrétiens à la philosophie traditionnelle. Descartes,

> Mais que suis-je donc ? Une chose qui pense. Qu'est-ce que cela ? C'est bien une chose qui doute, qui connaît, qui affirme, qui nie, qui veut, qui ne veut pas, qui imagine aussi et qui sent.
>
> **René Descartes, philosophe français et mathématicien**

lui, propose de partir du bon sens, qu'il appelle aussi « lumière naturelle », et de la raison qui réside en notre faculté de distinguer le vrai du faux [19]. Cette méthode est constituée d'un ensemble de règles qui devront conduire avec certitude aux bons résultats, car, pour découvrir la vérité, il faut laisser de côté le hasard. Cette façon de penser est un élément neuf qui rompt avec l'enseignement philosophique du Moyen Âge et la théologie chrétienne. « Le bon sens est la chose du monde la mieux partagée », c'est sur cette remarque proverbiale que Descartes amorce son *Discours de la méthode* comme pour insister sur la nécessité d'une méthode qui nous préserve, autant que faire se peut, de l'erreur. Toute la démarche consiste donc à suivre un ordre, c'est-à-dire à ramener la pensée au plus simple pour élever sa réflexion par la suite en s'appuyant toujours sur la déduction et l'intuition [20]. La déduction d'abord, parce qu'elle est une opération discursive supposant un enchaînement rationnel et logique de la pensée. L'intuition ensuite, car, pour Descartes, elle est le symbole d'un esprit pur et attentif, indispensable critère de vérité qui conduit selon lui à l'évidence.

C'est ici que nous pouvons faire le lien avec le célèbre cogito (« je pense » en latin), qui représente la conscience du sujet pensant. Le cogito constitue un élément majeur de la pensée cartésienne puisqu'il est le point de départ à partir duquel le philosophe va tenter de bâtir toutes ses connaissances. Descartes souhaite trouver ainsi un fondement inébranlable et absolument certain. **Cette quête va l'amener à la conclusion que seule sa propre existence, en tant que « chose qui pense » est incontestable. De là naît l'historique et mythique *cogito ergo sum*, « je pense, donc je suis ».**

> Cette pensée, je pense, donc j'existe, est la première et la plus certaine qui se présente à celui qui conduit ses pensées par ordre.
>
> **René Descartes, philosophe français et mathématicien**

Dans sa quête métaphysique, Descartes approfondit sa pensée sur le dynamisme spirituel de l'homme en soulignant l'importance d'une réflexion sur la liberté. Le célèbre philosophe considère que la liberté se caractérise par la faculté de faire des choix éclairés par la connaissance du vrai et l'explique par ces mots : « C'est le pouvoir de faire ou de ne pas faire », en lien direct avec la notion de libre arbitre. D'après lui, cette autonomie de penser correspond au pouvoir de la volonté. Ce pouvoir, c'est la capacité de poursuivre ou de fuir quelque chose, de prendre une décision de façon indépendante. **Liberté et libre arbitre sont en définitive les deux faces d'une même médaille.** Mais cette théorie ne rentre-t-elle pas en contradiction avec notre déterminisme ? Il y a la réalité, la société, le monde du travail, les fins de mois. Mais il y a aussi tout ce que les neurosciences ont pu interroger concernant ce qui motive nos choix. Nous le verrons dans la partie suivante. Le libre arbitre s'associerait donc davantage à une liberté intérieure, une connaissance de soi acquise grâce à la compréhension des éléments qui nous influencent. Une prise de conscience, en somme. L'homme peut ressentir des pulsions, faire l'expérience du désir, se mouler sur la pensée commune, mais il peut aussi s'y soustraire. Il est à même de choisir, de s'opposer, d'arbitrer des choix entre les différents choix qui s'offrent à lui. Il peut s'autonomiser et se gouverner selon ses propres valeurs ou ses propres règles. C'est cette expérience de la liberté qui renvoie au libre arbitre. Étant libre, il est possible d'agir autrement en fonction de causes, de raisons, de buts [21]. De préférer une possibilité à une autre et de changer de préférence avec le temps. Cette volonté n'est pas un simple caprice, un bon vouloir, mais elle désigne cette faculté proprement humaine d'accepter ou de rejeter ce qui se présente à nous, de dire oui ou non, de tenir compte des circonstances. Le libre arbitre ainsi pensé par Descartes implique de pouvoir mettre à distance des croyances induites, les fameuses idées préconçues. Cette expérience de la liberté conduit automatiquement à la faculté de douter. **En nous autorisant des incertitudes quant à la valeur de nos croyances, en remettant en cause nos préjugés hérités, nous accédons à la pensée libre.** Oui, le doute, lorsqu'il amène à se comprendre, à dépasser des peurs pour faire des choix personnels, est un trésor.

> L'homme qui réclame la liberté, c'est au bonheur qu'il pense.
>
> **Claude Aveline, écrivain, poète et résistant français**

La thèse du libre arbitre de Descartes n'en serait pas une sans critiques. Pour Spinoza, la pensée du physicien français est non seulement fausse, mais elle n'est qu'une illusion. Elle n'exprime que le souhait de toute-puissance des hommes, et le désir farouche de posséder sur lui-même un pouvoir absolu [22]. Le mirage d'un libre arbitre viendrait-il compenser un sentiment d'impuissance ? Une façon de s'imaginer un pouvoir ? Dans une lettre adressée à son correspondant Schuller, Spinoza cherche à clarifier l'idée que chacun se fait de la liberté. À son sens, l'homme n'a pas conscience de ce qui le détermine et vit dans l'illusion de ses actions propres (à l'image de cette pierre qui penserait que son mouvement n'est que le résultat de sa volonté et qui n'aurait pas conscience du rôle des causes externes). Il ne serait que le simple maillon d'une chaîne créée par une relation de causalités, une sorte de dommage collatéral. Mais l'homme est aveugle à ce mécanisme. Il n'est conscient que de ses désirs et néglige les impulsions qui le caractérisent. Il s'imagine donc être *le* maillon originel, la source d'une série d'actions et de phénomènes que lui seul pourrait engendrer. Le maître de toutes les situations. Cela apporte forcément

> Personne ne peut vous enlever votre liberté de pensée. Vous pouvez être conseillé, éclairé par d'autres, mais ne laissez jamais quelqu'un penser pour vous.
>
> **Baruch Spinoza, philosophe néerlandais**

un sentiment de contrôle, de maîtrise illusoire qui nous définit d'après Spinoza et, à l'inverse de Descartes, « la liberté humaine ». En résumé, pour le philosophe, l'homme n'est pas libre tant qu'il ignore sa dépendance aux situations indépendantes de sa volonté. La véritable liberté consisterait alors seulement en la reconnaissance de nos déterminismes.

Les neurosciences

Après avoir fait un tour auprès des grands philosophes, et avoir compris leur vision du libre arbitre et de la liberté, intéressons-nous maintenant aux neurosciences. Elles vont nous permettre de rentrer un peu plus dans le concret.

Le terme de « neurosciences » émerge aux États-Unis dans les années 1960. Il renvoie à un projet de connaissances pluridisciplinaires autour du cerveau, du système nerveux, de la pensée et du comportement. L'imagerie médicale a permis de gigantesques avancées dans ce domaine. Avec l'IRM fonctionnelle (imagerie par résonance magnétique), la scintigraphie, le scanner, il devient possible de visualiser en direct, et de façon non invasive, la structure et le fonctionnement du cerveau. Plasticité cérébrale, activité cognitive, maladie dégénérative, apprentissage. Le cerveau révèle ses secrets au travers d'une architecture complexe en perpétuelle évolution. Bien que le terme de neurosciences ait été mis en lumière au XIXe siècle, l'essor de l'étude du système nerveux est l'héritage d'anatomistes de la Renaissance [23]. Léonard de Vinci, pionnier en la matière, réalise de nombreux croquis, notamment du cerveau humain, d'une précision inouïe bien que mal-aimés du public. À mi-chemin entre l'art et la science, ses 228 planches annotées dévoilent son intérêt pour le corps humain, car il veut tout comprendre de son fonctionnement. Ses dissections lui ont permis d'émettre notamment l'hypothèse que les fonctions cérébrales, et notamment la compréhension d'informations, ont un lien avec la matière grise.

René Descartes, quant à lui, théorise la notion de dichotomie « corps-esprit ». Ce qui a été appelé le *dualisme cartésien* consiste en la reconnaissance de l'existence de deux types de substances : l'âme (*res cogitans*) et le corps (*res extensa*). Le philosophe considère que chacune de ses deux substances interagit avec l'autre au niveau de la glande pinéale, ce qui implique une relation entre les états mentaux et les états physiques. Il affirme alors que l'esprit commande le corps par l'intermédiaire du cerveau.

Avec le Britannique William Harvey, la théorie du cardiocentrisme est définitivement abandonnée lorsqu'il comprend le rôle du cœur dans la circulation sanguine. Le cœur n'est plus le centre de la pensée, le cerveau comme siège de l'âme est admis.

Thomas Willis, médecin anglais et pionnier dans l'histoire de l'anatomie, publie en 1664 un ouvrage présentant vingt découvertes en neuropathologie tirées de dissections faites sur des cadavres de criminels exécutés. Il parvient pour la première fois à décrire les différentes parties de l'encéphale : le cervelet qui commande le mouvement, le striatum qui enclenche la prise de décision, ou encore le corps calleux qui permet la communication interhémisphérique du cerveau. Dans le livre *Discours sur l'âme des brutes* qui connut un immense retentissement, il développera l'hypothèse selon laquelle le cerveau est l'organe responsable de l'excrétion des « esprits bestiaux ». **C'est aussi à lui que l'on attribue la création du terme de « neurologie »** [24].
En 1717, c'est un savant amateur et autodidacte néerlandais, **Antoni van Leeuwenhoek**, qui, grâce aux améliorations qu'il effectue sur un microscope fabriqué par lui-même, **devient le**

précurseur de la biologie cellulaire, le premier scientifique à observer l'infiniment petit. Il parvient à décrire la structure d'une fibre nerveuse trop petite à voir à l'œil nu jusqu'alors [25].

Le physicien italien Luigi Galvani lui emboîtera le pas sur le fonctionnement des nerfs. Les interprétations alors en vogue à la fin du XVIIe siècle (et notamment celles de Descartes) expliquent le mouvement musculaire par la théorie des « esprits animaux ». Des fluides émis par le cerveau s'écouleraient le long des nerfs, assimilés à des sortes de tubes, et provoqueraient un gonflement, puis une contraction des fibres du muscle. Pour le scientifique anatomiste, c'est un message neuronal électrique qui permet au muscle de se contracter et si le courant ne s'échappe pas des nerfs, c'est grâce à une partie isolante qui le recouvre : la gaine de myéline [26].

Dans la seconde moitié du XIXe siècle, les médecins neurologues Paul Broca et Carl Wernicke mèneront de larges études scientifiques sur des patients souffrant de lésions cérébrales [27]. « L'aire de Broca », par exemple, est la première démonstration du rôle du système nerveux dans une fonction dite supérieure, à savoir le langage. Ces découvertes des fonctions mentales du système nerveux annoncent l'avènement des neurosciences. Les grands bouleversements technologiques du XXe siècle et les deux guerres mondiales vont continuer de faire avancer les connaissances sur le cerveau et les neurosciences. La Grande Guerre a mis en lumière les séquelles neurologiques et psychologiques liées notamment aux psychotraumatismes qui ont donné un nouvel élan à la recherche. Après la Seconde Guerre mondiale, les études sur le sujet se sont poursuivies, mettant en avant les découvertes du psychologue russe Alexandre Luria, inventeur du terme « neuropsychologie », discipline qui traite des fonctions mentales supérieures dans leur rapport avec les structures cérébrales. Cette approche neuropsychologique est née des études menées auprès de patients souffrant de pathologies cérébrales. L'objectif de Luria était de décrire et de rapprocher les symptômes observés avec les lésions du cerveau, puis de faire des inférences sur le rôle des différentes régions cérébrales. Cette notion de localisation cérébrale est précisément le fil conducteur de la neuropsychologie avec toujours cette double facette : clinique (symptômes) et fondamentale (fonctions) [28]. **C'est dans les années 1960 que la neuropsychologie acquiert sa reconnaissance institutionnelle au travers de la création de sociétés savantes et de nombreuses revues scientifiques.** Le 14 avril 1977 naît par exemple la Société de neuropsychologie de langue française (SNLF) ayant pour but d'étudier davantage les relations mutuelles du cerveau, du fonctionnement mental et du comportement chez l'être humain et l'animal afin de remédier aux pathologies cognitives [29].

POUR LA PETITE HISTOIRE

1. L'aire de Broca : source de production de la parole

En 1861, le chirurgien français Paul Broca (1824-1880) ouvre la tête d'un de ses patients, M. Leborgne, qui vient de mourir. Il était de son vivant atteint de troubles du langage. Bien que comprenant parfaitement ce qu'on lui disait et n'étant affecté d'aucun trouble du langage ou de l'élocution qui aurait pu restreindre ses capacités de formulation, il ne pouvait répondre que par le seul et même phonème « tan ». Broca cherche à expliquer cette aphasie en examinant post mortem son cerveau. Il découvre alors une lésion localisée au niveau de la troisième circonvolution cérébrale gauche et en déduit que cette zone joue un rôle précis dans la formation du langage parlé en affirmant

que « nous parlons avec l'hémisphère gauche ». L'aire de Broca devient la première région du cerveau à laquelle la science put associer une fonction cognitive.
Cette découverte marque le début de l'identification d'aires du cerveau liées à différentes facettes du langage humain. Les patients souffrant d'aphasie ont ainsi permis aux anatomistes, puis aux neuropsychologues de préciser leurs connaissances concernant les zones cérébrales associées à leurs fonctions cognitives.

2. L'aire de Wernicke : source de compréhension du langage

Quelque dix années après Broca, le psychiatre allemand Carl Wernicke (1848-1905) met en évidence une autre catégorie d'aphasie associée à des lésions situées dans une tout autre région du cerveau, celle de la partie postérieure du lobe temporal gauche. Alors que le patient de Broca comprenait ce qu'on lui disait sans parvenir à y répondre, le patient de Wernicke présentait une production verbale en apparence normale, mais de grandes difficultés à décrypter ce qui était dit. De plus, il avait tendance à tenir des discours incohérents et désordonnés, voire dénués de sens. La conclusion s'impose, les processus de la compréhension du langage et ceux de la production de la parole ne mettent pas en jeu les mêmes aires du cerveau. Il n'y avait donc pas un siège unique dédié au langage, mais bien plusieurs centres aux fonctions distinctes qui se coordonnent.

3. Broca-Wernicke : deux aires qui communiquent

Avec le temps, il a été compris que les troubles identifiés par Broca correspondaient en réalité à une aphasie dite « motrice » ou expressive, alors que ceux étudiés par Wernicke relevaient d'une aphasie « réceptrice » ou sensitive. Les neuroscientifiques se sont accordés à dire que l'aire de Broca, située à l'arrière du lobe frontal, près de la partie du cerveau qui commande les mouvements de la langue et de la mâchoire, a la charge de la production et de l'articulation des mots, c'est-à-dire de la composante motrice du langage. En revanche, l'aire de Wernicke intervient dans la perception des mots ou le traitement cognitif, c'est-à-dire la composante qui prend sens. Ces deux régions plus que jamais complémentaires, reliées entre elles par des faisceaux de fibres nerveuses appelés « faisceaux arqués », forment un circuit essentiel pour la compréhension du langage et la production de la parole. Dans les années 1960, le neurologue américain, père de la neurologie comportementale, Norman Geschwind, propose un nouveau modèle. Avec son équipe de chercheurs du Boston City Hospital, il part des découvertes empiriques de Broca et Wernicke pour rendre compte de l'organisation des fonctions du langage dans le cerveau. Leurs conclusions rapportent que toutes les régions concernées par le langage auraient la charge d'un module bien particulier (par exemple, la compréhension, la réflexion, la production d'énoncés articulés…) et que chacune de ces zones serait reliée aux autres selon des circuits neuronaux bien précis. Si l'on prend l'exemple de la compréhension du langage parlé, le son est d'abord reçu sous forme de signaux nerveux par le cortex auditif primaire, les données sont ensuite transmises à l'aire de Wernicke à proximité, qui à son tour identifierait le signal sonore en rapportant la forme auditive au mot correspondant, effectuant ainsi une tâche de reconnaissance vocale. Dans ce modèle dit « connexionniste », la faculté de langage consiste en une série de modules fonctionnels correspondant à des aires cérébrales distinctes et s'activant en lien les unes aux autres.

Le cerveau étant divisé en deux hémisphères en miroir, chaque partie se retrouve en double exemplaire, soit à droite et à gauche. Nous savons tous que nous pouvons être droitiers ou gauchers pour l'écriture, mais nous savons moins que cela vaut aussi pour le langage. Malgré la prédominance de l'espace langagier dans l'hémisphère gauche, il existe ce que l'on appelle une « latéralisation cérébrale » des régions du langage.

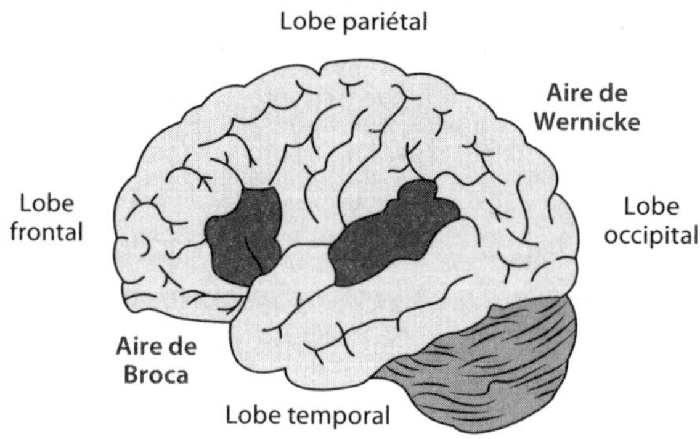

Aphasie

<u>*Aphasie de Broca*</u>	<u>*Aphasie de Wernicke*</u>
• *Troubles arthriques* • *Aphasie non fluente (réduction de la spontanéité verbale)* • *Manque du mot* • *Compréhension relativement bien conservée* • *Débute souvent par une suspension complète du langage*	• *Fluence conservée, voire aggravée (logorrhée)* • *Paraphasies phonémiques* • *Paraphasies verbales (remplacement d'un mot par un autre)* • *Discours souvent incompréhensible (jargon)* • *Pas de trouble articulatoire* • *Troubles de la compréhension majeurs*
• *Lésion comprenant le pied de la 3e circonvolution frontale gauche* • *Capsule interne et putamen*	• *Lésion concernant la partie postérieure de la 1re circonvolution temporaire ou le lobe pariétal inférieur*

De la possibilité du libre arbitre en neurosciences

Tentons de mettre en balance nos notions sur la liberté de pensée et les connaissances actuelles en neurosciences. Projet délicat, mais avançons pas à pas. Nous avons coutume de penser que la prise de conscience permet la réflexion intellectuelle menant à la faculté de décider de nos actes, de penser librement. Sur le plan biologique, on pourrait dire que l'on passe ainsi du réflexe à l'action volontaire. **Mais, du point de vue des neurosciences, le libre arbitre est une illusion.**

En 1983, Benjamin Libet, scientifique américain, pionnier dans le domaine de la conscience humaine, fait une découverte princeps qui lui vaudra de nombreuses récompenses de ses pairs [30]. Son objectif est de comprendre qui de l'action ou de la prise de décision précède l'autre, autrement dit : réfléchissons-nous avant d'agir ? Pour son expérience, Libet place des participants devant une horloge dont les aiguilles défilent rapidement. Chaque personne dispose d'un bouton sur lequel elle peut appuyer à l'instant qui lui plaira. La seule chose demandée par les examinateurs est de retenir les chiffres de l'heure, ou le nombre, indiqué par l'horloge à l'instant précis où la décision d'appuyer est prise. Grâce à des capteurs mesurant l'activité cérébrale, trois types d'informations sont récoltés : 1) le moment où les participants prennent la décision de bouger leur doigt pour appuyer sur le bouton d'arrêt de l'horloge, 2) le moment où le cerveau commence à s'activer, et 3) le moment où les participants appuient réellement sur le bouton d'arrêt. Les résultats, illustrés dans ce schéma où la courbe symbolise le signal électrique dans le cerveau (appelé potentiel d'action), vont montrer que la décision de déplacer la main apparaît entre 200 et 300 millisecondes avant le mouvement. Jusqu'ici, rien de surprenant.

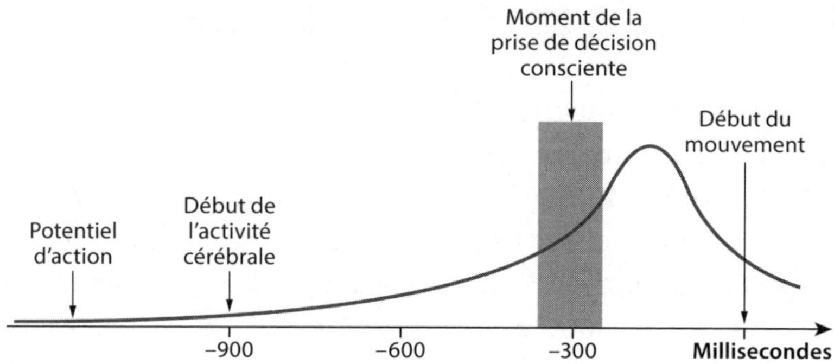

Ce qui étonne, c'est que lorsque l'on réalise simultanément un électroencéphalogramme sur les participants, on observe une activité électrique dans le cerveau 900 millisecondes avant le mouvement réel du doigt. Cela veut dire que l'activité électrique du cerveau qui prépare le mouvement débute environ 600 millisecondes avant la décision de bouger le doigt. Notre cerveau se mettrait donc à commander un comportement avant même que l'on en prenne la résolution. Dit brutalement, l'expérience de Libet et de ses collaborateurs semble condamner le libre arbitre, car à l'instant où nous avons l'impression de décider d'appuyer sur un bouton, notre cerveau a en réalité déjà amorcé cet objectif depuis presque une demi-seconde ! **Comment pourrions-nous dans ses conditions être libre de décider de quelque chose si au moment où nous prenons conscience de choisir, notre cerveau a déjà commencé à agir ?** Le libre arbitre ne serait-il donc qu'une illusion ? Cela pourrait paraître acceptable pour les comportements automatiques et simples du quotidien, comme la conduite, par exemple, mais qu'en est-il des décisions importantes ? Nos pensées, nos choix de vie seraient-ils soumis au même déterminisme ? Comment comprendre que, d'une certaine manière, nous semblons commencer à agir avant même de l'avoir décidé ? Comme on peut l'imaginer, l'expérience de Libet a révélé de nombreux points faibles que les spécialistes n'ont pas tardé à mettre en lumière et qui permettent de se rassurer quant à l'existence du libre arbitre. Il y a tout d'abord une marge d'incertitude, car l'échelle de mesure est de l'ordre de quelques millisecondes, l'estimation du moment de la prise de décision d'appuyer sur le bouton d'arrêt de l'horloge par le participant lui-même n'est certainement pas très fiable, enfin, le signal électrique relevé dans le cerveau pourrait n'être qu'une activité préparatoire indiquant une forme de mise en marche qui ne définit pas spécifiquement la prise de décision.

Mais, en 2008, une nouvelle expérience vient troubler de nouveau les scientifiques [31]. Des chercheurs décident de partir de l'expérience initiale de Libet pour y apporter quelques variantes. Les sujets disposent dorénavant de deux boutons, un dans chaque main, et peuvent appuyer quand ils le souhaitent, soit à gauche, soit à droite. Cette fois-ci, le cerveau des participants est observé à l'aide d'une IRM, ce qui offre la possibilité d'examiner les zones qui s'activent au moment de l'action. Comme en 1983, il est demandé de bouger un doigt pour appuyer au moment souhaité sur le bouton. En revanche, et c'est toute l'amélioration de cette étude, les participants ont la possibilité de choisir de bouger le doigt de la main droite ou de la main gauche. Les résultats se révèlent perturbants. Il est constaté une fois encore qu'une activité cérébrale précède bien le mouvement de plusieurs millisecondes, voire secondes, mais, en plus, que cette activité cérébrale permet également de prédire si le participant va bouger sa main droite ou sa main gauche en fonction des aires du cerveau qui s'activent ! Pour modérer quelque peu ces résultats qui mettent à mal notre croyance dans notre liberté à penser, il faut noter que les projections, faites grâce à l'IRM, ont fonctionné dans 60 % des cas, ce qui est significativement mieux que le hasard, mais pas représentatif d'une exactitude. Pour trouver un consensus entre « preuve

> Les hommes se croient libres parce qu'ils sont conscients de leurs désirs, mais ignorants des causes qui les déterminent.
>
> Baruch Spinoza, philosophe néerlandais

que le libre arbitre n'existe pas » et « la science n'explique pas tout », nous pouvons conclure que ces expériences montrent au moins que nos intentions ne sont pas systématiquement à l'origine de nos actions. **Les processus neuronaux jouent un rôle plus grand que nous l'imaginons, et la prise de décision succède à l'activation cérébrale, elle n'en est pas à l'origine.** Heureusement, notre cerveau envisage des décisions suffisamment à l'avance pour nous laisser, jusqu'au dernier moment, la possibilité d'agir d'une manière ou d'une autre, d'inhiber ou pas un comportement. C'est ce que les Anglo-Saxons appellent le *free won't*, par analogie au libre arbitre nommé *free will*.

La définition simple que nous avons du libre arbitre est que la volonté, les émotions, les valeurs sont les seuls moteurs de nos choix. Pour exemple, on entend souvent dire qu'un jeune adolescent a une conduite délinquante parce qu'il est « perturbé », qu'un élève ne travaille pas bien parce qu'il n'est pas « motivé » à le faire. Mais ces déductions s'avèrent incomplètes, car la volonté n'est pas une cause directe du comportement, c'est un maillon de la chaîne décisionnelle. Pour le dire autrement, **nos émotions sont une explication de nos comportements, et non les initiateurs**. Selon le philosophe américain Daniel Dennett, nous devons avoir une compréhension multiple de nos actions, car notre activité cérébrale engage de nombreux processus neuronaux et cognitifs s'exécutant en

> Ma perspective fondamentale est le *naturalisme*, l'idée que les investigations philosophiques ne sont pas supérieures, ni antérieures, aux investigations des sciences, mais recherchent la vérité en partenariat avec elles.
>
> Daniel Dennett, philosophe et auteur en sciences cognitives américain

parallèle [32]. D'après lui, il y a trois explications prédictives du comportement et de la pensée : 1) le niveau physique (« *physical stance* »), qui est la manifestation en action de l'intention, 2) le niveau fonctionnel (« *design stance* »), qui correspond au fonctionnement du cerveau, 3) le niveau intentionnel (« *intentional stance* »), propre à l'interprétation personnelle et à la psychologie de chacun [33].

POUR ALLER PLUS LOIN

Zooms sur les principales avancées de la recherche sur le cerveau [34] :

Voir le cerveau penser : il est devenu normal de « passer un scanner ». Mais le principe de ces instruments n'est connu que depuis les années 1970. Les premières images du cerveau vivant ne datent que de la fin du XXIe siècle. C'est la conjonction des recherches en biologie, en physique, en chimie, en mathématiques, s'appuyant sur les performances exponentielles de l'informatique, qui ont permis à des appareils comme l'IRM de devenir d'usage courant.

Imagerie : c'était inimaginable il y a vingt ans. Les scientifiques peuvent aujourd'hui établir une corrélation entre l'activation de certaines zones du cerveau et des états de conscience. Les techniques permettent d'identifier les changements de l'activité cérébrale qui surviennent lors de la schizophrénie ou d'autres troubles neuropsychiatriques. L'IRM offre des images en trois dimensions, non invasives, qui donnent la possibilité d'examiner des lésions, des tumeurs ou de détecter les dommages précoces causés par un AVC, ce qui permet aux médecins d'administrer rapidement les traitements appropriés. Il s'agit de mieux voir pour mieux soigner. Et ce n'est pas fini. Ces nouvelles technologies vont toujours plus loin vers l'infiniment petit. Par exemple, la nanoscopie rend possible la visualisation des molécules de taille inférieure à 200 millionièmes de millimètre, à l'intérieur d'une cellule vivante. Tout cela est essentiel au développement des autres voies de recherche.

Génétique : le séquençage du génome humain ne date que de 2001. Depuis, des gènes pathologiques ont été identifiés pour les épilepsies, les maladies d'Alzheimer, de Parkinson, de Huntington et la sclérose latérale amyotrophique. Ces découvertes donnent de nouvelles clés aux neurobiologistes pour comprendre les mécanismes de ces maladies et suggérer de nouveaux traitements. On s'oriente vers une médecine mieux ciblée, voire prédictive ou préventive, et la thérapie génique suscite de nombreux espoirs.

Plasticité cérébrale : le cerveau possède la capacité de modifier ses connexions pour faire face à de nouvelles situations. Les scientifiques explorent activement ce processus nommé plasticité, que nous aborderons plus loin dans cet ouvrage. Il révèle comment l'apprentissage et la mémoire surviennent et comment leur déclin peut être stoppé. Les chercheurs ont découvert que le cerveau adulte génère en permanence de nouvelles cellules nerveuses. Ce processus de neurogenèse est très actif, notamment dans l'hippocampe, zone primordiale dans la mémoire à court terme.

Développement cérébral : une meilleure connaissance globale des fonctions cérébrales et la découverte récente

de molécules qui déterminent le développement du système nerveux permettent aux scientifiques de mieux comprendre des troubles qui se manifestent dès l'enfance, tels que l'infirmité motrice cérébrale. Avec l'identification des cellules souches, ces avancées débouchent sur la mise au point de nouvelles stratégies pour restaurer des fonctions du cerveau ou de la moelle épinière altérées par une lésion ou un défaut de développement embryonnaire.
Vie et mort du neurone : d'une part, on sait mieux comment et pourquoi les neurones meurent. D'autre part, on a découvert dans notre cerveau des cellules souches neurales qui se divisent et forment de nouveaux neurones. Ces deux avancées majeures en neurosciences présenteront de nombreuses applications cliniques. On peut contrer les dommages de notre système nerveux. Des traitements utilisant ces principes sont en cours d'évaluation pour les AVC et les lésions de la moelle épinière.
La convergence : la convergence de ces travaux pluridisciplinaires fait émerger des thérapies spectaculaires : stimulation cérébrale profonde, greffes de neurones ou de rétine, prothèses sensibles de membres qu'il est possible de « piloter » par la pensée. Les défis de l'avenir sont nombreux et le ralentissement du vieillissement de notre cerveau capte toutes les attentions.

II

Comment fonctionne notre cerveau ?

Comment apprend-on ?

Comment apprend-on ? Quels ressorts psychologiques et cognitifs interviennent lorsque nous apprenons de nos modèles au point de faire de ces exemples des lignes directrices ? **Ce qui nous conditionne, nous l'avons appris comme une leçon ou un poème. Ce sont des ritournelles codées dans notre esprit et qui programment nos façons de penser.** Nous l'avons vu précédemment, les études en neurosciences révèlent de prodigieuses avancées dans les connaissances. Grâce aux progrès de l'imagerie cérébrale notamment, il est possible de comprendre ce qui s'active ou pas, ou mal dans le cerveau humain en situation d'apprentissage.

Sans mémoire, pas d'apprentissage et de conditionnement possibles, alors arrêtons-nous un moment sur cette notion. **La mémoire peut être définie comme l'ensemble des processus**

par lesquels un élément acquis reste disponible durant un certain temps et est susceptible d'être réactivé (notion importante à considérer, car elle est la preuve qu'un événement a été mémorisé) [35]. Elle permet donc d'enregistrer des informations venant d'expériences diverses, de les conserver et de les restituer au besoin. Elle rassemble les savoir-faire, les connaissances, les souvenirs. Elle permet de mener une réflexion, de se projeter dans l'avenir, de forger la base de notre identité. La « mémoire » est en réalité un terme générique puisqu'**elle est constituée de cinq systèmes interconnectés et impliquant divers circuits neuronaux**. Ces différents circuits demandent parfois à se déclencher en même temps, à s'inhiber en cas de traumatisme, par exemple, à dialoguer dans certains cas, et le chef d'orchestre de cette intercommunication est l'hippocampe. Il participe à la mémorisation durable des faits, de la mémoire à court terme à la mémoire à long terme, c'est une zone de carrefour où les informations transitent avant d'être redirigées vers les zones corticales où elles seront stockées.

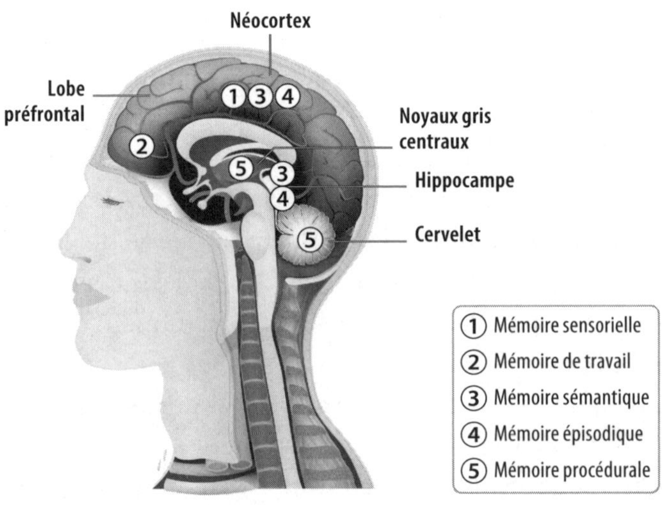

On peut donc imaginer notre mémoire comme une boîte à cinq tiroirs, chacun permettant le stockage d'un type d'informations [36] :

La mémoire de travail

La mémoire de travail ou mémoire à court terme est la mémoire du présent, de l'actuel. C'est grâce à elle que nous pouvons manipuler et retenir des informations en temps réel pendant la réalisation d'une tâche ou d'une activité. Elle fait essentiellement appel au cortex préfrontal, siège des fonctions cognitives dites supérieures, comme le raisonnement. Cette mémoire est sollicitée en permanence, car c'est elle qui permet notamment de se rappeler un numéro de téléphone le temps de le noter ou de mémoriser une question qui nous est posée avant d'y répondre. Elle utilise ce qu'on appelle une « boucle phonologique » similaire à une répétition mentale, qui retient les informations entendues et conserve les images mentales. Les données véhiculées par cette mémoire à court terme sont soit rapidement effacées, soit stockées dans la mémoire à long terme par le biais d'interactions entre les deux zones mémorielles.

La mémoire sémantique

La mémoire sémantique est celle du langage, des connaissances sur le monde et sur soi. Elle fait intervenir des régions étendues comme les lobes pariétaux et temporaux qui traitent des informations sensitives, mais aussi le néocortex, partie du cerveau essentielle à la perception de l'environnement, à l'élaboration de réponses motrices aux stimuli externes ainsi qu'aux fonctions cognitives. Elle se développe et se réorganise tout au long de la vie avec l'apprentissage et la mémorisation de concepts génériques, comme le sens des mots, l'utilisation des objets, le savoir.

La mémoire épisodique

La mémoire épisodique est celle des moments personnellement vécus, c'est-à-dire les événements autobiographiques, ceux qui nous permettent de nous situer dans le temps et l'espace et ainsi de nous projeter dans le futur. Elle mobilise, entre autres, l'hippocampe, l'amygdale, le néocortex et le lobe préfrontal et se développe entre les âges de 3 et 5 ans. Elle est étroitement imbriquée dans la mémoire sémantique. Avec le temps, les détails précis des souvenirs se perdent, mais les traits communs à différents événements vécus s'amalgament et deviennent progressivement des savoirs tirés de leur contexte. Ainsi, la plupart des souvenirs épisodiques se transforment, à terme, en connaissances générales. La mémoire épisodique est chargée de l'encodage, du stockage et de la récupération, trois étapes essentielles à la formation des souvenirs.

La mémoire procédurale

La mémoire procédurale est la mémoire des automatismes. Elle implique essentiellement le cervelet qui contrôle l'équilibre, coordonne le tonus postural et les mouvements volontaires grâce aux informations qu'il centralise sur la position du corps dans l'espace. Elle permet de conduire, de marcher, de faire du vélo ou de jouer de la musique sans avoir à réapprendre à chaque fois. Cette mémoire est particulièrement sollicitée chez les artistes ou les sportifs pour acquérir des procédures de coordination parfaites et atteindre l'excellence. Ces processus sont effectués de façon implicite, c'est-à-dire inconsciente. La personne ne peut pas vraiment expliquer comment elle procède, car les mouvements se font sans contrôle conscient. Les circuits neuronaux sont automatisés comme un ordinateur central qui assure la régulation, la coordination, la synchronisation des activités musculaires et qui informe les centres nerveux pour repérer les erreurs, faire des comparaisons et corriger le programme. Le développement de la mémoire procédurale est progressif et parfois complexe, selon le type d'apprentissage et le nombre de répétitions auxquelles la personne est exposée.

La mémoire sensorielle

La mémoire sensorielle, appelée aussi perceptive, s'appuie sur nos sens et fonctionne la plupart du temps à notre insu. Elle implique différentes régions à proximité des aires sensorielles. Elle permet de retenir des images ou des bruits sans s'en rendre compte. Grâce à elle, une personne peut rentrer chez elle par habitude, avec des repères visuels. Cette mémoire permet de se souvenir des visages, des voix, des lieux et est particulièrement reliée aux autres mémoires. Par exemple, lorsque l'oreille entend quelque chose, la mémoire sensorielle enregistre automatiquement l'information en moins d'une seconde. Si l'individu prête attention à ce qu'il a entendu, il peut faire fonctionner sa mémoire de travail en même temps, comme le font les interprètes : ils écoutent ce que dit la personne en même temps qu'ils traduisent à l'oral ce qui a été dit quasiment au même instant.

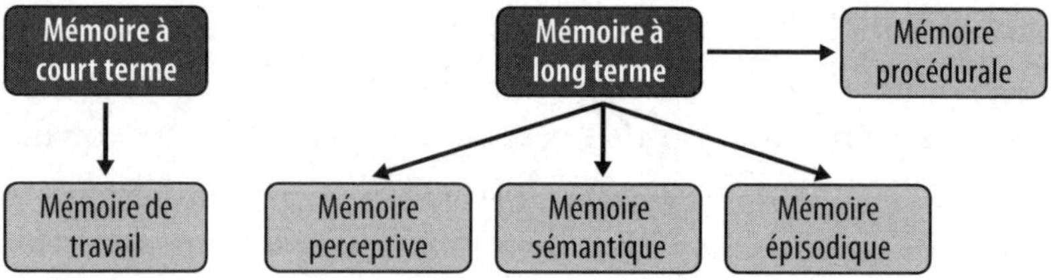

Nous l'avons montré, il n'existe pas un seul centre de la mémoire dans le cerveau, mais bien différents systèmes de mémoire qui mettent en jeu des réseaux neuronaux distincts, répartis dans diverses zones du cerveau et interconnectés [37].

POUR ALLER PLUS LOIN

Les 3 étapes clés pour apprendre

Apprendre et mémoriser peut être perçue comme une capacité de notre cerveau à encoder, à stocker et à restituer de l'information [38]. Voici plus en détail ces trois étapes clés :

1. L'encodage

Il s'agit de la première étape. L'encodage est la capacité d'absorber de nouvelles informations en provenance de nos sens. Ces indicateurs sensoriels sont traités pour être mis en mémoire. L'événement devient ce que l'on appelle aussi une trace mnésique.

Autrement dit, nous recevons une information (son, image...) qui va être codée de façon que notre système cognitif puisse la traiter, puis la stocker en mémoire. Voici une stratégie simple pour faciliter l'encodage :

1. Faites appel à une stratégie sensorielle : associez le mot « girafe » à sa catégorie : « animal », ou à ses attributs : « grand cou », « robe tachetée »...
2. Faites appel à une stratégie phonologique : le mot « girafe » commence par la même lettre que le mot « grand ».

Conseil : plus nous mettons en place de stratégies mnémotechniques lors de l'encodage, plus nous accédons à un apprentissage efficace. Il faut autant que possible être disponible (ne pas avoir de pensées envahissantes concernant un autre sujet), donner du sens à ce que l'on apprend (comprendre les informations, pourquoi on les retient, faire des liens d'utilité), être actif (verbaliser, reformuler, se poser des questions) et, bien sûr, être motivé par ce que l'on apprend.

2. Le stockage

La deuxième étape est le stockage, elle consiste à stocker les données en mémoire dans le but de pouvoir les réutiliser le moment venu, c'est une sorte de maintien dans le temps des informations apprises. Néanmoins, nous ne stockons pas en mémoire toutes les informations que nous recevons. Certains facteurs vont s'avérer déterminants, comme : la saillance de l'information (à quel point attire-t-elle notre attention ?), l'utilité de l'information (en quoi va-t-elle nous servir ?) ou encore la motivation (pourquoi veut-on la retenir ?). Une notion simple et intuitivement utilisée pour stocker en mémoire est la

« consolidation ». Il s'agit de la période durant laquelle nous allons nous répéter automatiquement l'information, parfois même sans nous en rendre compte, pour l'ancrer suffisamment en mémoire.
Conseil : réactiver la mémoire autant que possible (tests, exercices, répétition orale), faire des hypothèses, discuter de l'information, se questionner pour manipuler la notion et se l'approprier, enfin espacer dans le temps les exercices de réactivation.

3. La récupération

Enfin, la dernière étape est celle de la récupération. Il s'agit du processus au cours duquel une information stockée va être récupérée, comme extraite de la mémoire, pour être mobilisée dans un but bien précis. Il s'agit de notre capacité à restituer une information préalablement acquise. Les stratégies mises en place lors de l'encodage sont décisives dans ce processus de rappel, voici trois exercices permettant de tester notre capacité à restituer de l'information :

1. Le rappel libre : exprimer des informations apprises au préalable (par exemple, une liste de mots), peu importe l'ordre.
2. Le rappel indicé : apprendre une liste de mots avec la stratégie mnémotechnique qui a permis la rétention d'informations (girafe, parce que c'est l'animal à grand cou).
3. La reconnaissance : apprendre une liste de mots et les retrouver au milieu d'autres termes dits « distracteurs » (par exemple, retrouver écrit le mot « pâquerette » au milieu d'une liste de mots contenant les termes « fleur, rose, marguerite… »).

> <u>Conseil</u> : pour une meilleure récupération, les sens aident beaucoup. Tenter de se remémorer le lieu où s'est passé l'événement, le stylo que l'on a utilisé pour écrire, l'odeur de la pièce dans laquelle on était et la voix de son instituteur sont des outils précieux.

Des recherches passionnantes ont mis en lumière que la mémoire elle-même n'est pas épargnée par l'erreur, et cette fausseté de notre esprit porte le doux nom de « faux souvenir ». Les découvertes ont démarré dès la fin du XIXe siècle, en 1893 précisément, grâce aux travaux de James McKeen Cattell, premier psychologue à enseigner la discipline aux États-Unis. Le chercheur de l'université de Columbia décide de mener une étude informelle pour mesurer la fiabilité des souvenirs et publie le premier article scientifique portant sur la psychologie des témoignages. Son expérience, menée sur 56 étudiants, lui permet de constater de grandes discordances dans le récit des témoignages.

Cette idée du faux souvenir influence alors d'autres pionniers de la psychologie du témoignage, comme le psychologue français Alfred Binet, connu pour sa contribution essentielle à la psychométrie, ou le psychologue allemand William Stern, si bien que, dès les années 1910, on commence à s'interroger sur l'exactitude et la fiabilité des témoins oculaires dans les procès. L'intervention du psychologue comme « avis d'expert » fait son entrée. La psychologue cognitiviste spécialisée dans la mémoire humaine, Elizabeth Loftus, dans sa riche littérature, qu'elle a consacrée à l'étude des illusions, raconte, entre autres faits, qu'en 1979, dans l'État de la côte est des États-Unis du Delaware, un prêtre catholique avait été soupçonné de vols à main armée sur la base de témoignages oculaires. Sept témoins lui avaient donné le nom de « bandit gentleman », pour décrire le raffinement et l'élégance avec lesquels il commettait ses larcins. Au cours du jugement, d'autres personnes identifièrent le prêtre voleur sans le moindre doute. Mais, coup de théâtre, un autre individu finit par reconnaître avoir commis les vols. Cet homme n'avait pas été inquiété, les témoignages faisant consensus contre l'homme d'Église. Les témoignages se révélaient faux, car fondés sur des souvenirs faux, en cause : un défaut dans la récupération de la mémoire encodée. Et c'est ainsi que quantité de gens sont accusés à tort sur la base de témoignages oculaires erronés, provenant de la création de faux souvenirs [39]. En 1992, aux États-Unis une fois encore, une jeune femme, nommée Holly Ramona, consulte une thérapeute pour venir à bout des troubles du comportement alimentaire et de la dépression dont elle souffre depuis l'adolescence. La santé de la patiente se dégrade. Hospitalisée, elle est victime de flashbacks violents déclenchant de grosses crises de panique. Les médecins s'inquiètent et finissent par lui administrer une injection d'Amytal, puissant anxiolytique et sédatif censé la calmer. Aujourd'hui, ce produit est familièrement appelé « sérum de vérité », mais, à l'époque, il n'avait pas révélé toute sa magie. Au bout de quelques mois, Holly retrouve le souvenir ignoré jusque-là d'actes d'inceste commis dans son enfance par son père entre l'âge de 5 et 8 ans. La réalité semble refaire surface. Elle décide d'accuser son géniteur et lui fait un procès. La famille Ramona explose, la défense peine à se faire entendre, les parents divorcent, les psychologues exhortent le père à avouer. L'affaire est portée devant les tribunaux. À la barre, les experts des deux parties vont se succéder. Certains d'entre eux, des psychiatres, viennent plaider la cause du père de famille. Pour eux, l'origine de la boulimie de sa fille n'est pas liée à un abus sexuel durant l'enfance, de même, la validité de la fiabilité des souvenirs d'un témoignage sous sérum de vérité est à prendre avec des pincettes. Les médecins considèrent les souvenirs de Holly faux, car malléables. De leur point de vue, ces supposées réminiscences d'inceste ont été récupérées durant une thérapie sous traitement qui provoque un état altéré de conscience et où la suggestibilité du sujet joue un rôle important. Du côté des défenseurs de Holly, c'est un autre son de cloche. Eux affirment que la thérapie a été menée correctement et qu'elle présente bien, avec sa boulimie, tous les symptômes d'une victime d'inceste. Puis Elizabeth Loftus, devenue spécialiste dans la recherche portant sur les faux souvenirs induits par certaines thérapies, est appelée à comparaître pour parler de ses études menées à titre expérimental sur des adultes qu'elle est parvenue à persuader qu'ils avaient été perdus par leurs parents pendant des heures (ce qui ne s'était jamais produit). Le père de Holly Ramona est disculpé. Le « cas Ramona » est devenu paradigmatique pour plusieurs raisons. D'abord, nous sommes dans les années 1990 et c'est la première fois qu'une catégorie de thérapeutes proclament qu'il est possible de faire se souvenir d'un trauma oublié durant des décennies à l'aide de techniques, accordons-nous à le dire, douteuses, qui n'ont pas fait les preuves de leur efficacité scientifique. Ensuite, ils dénoncent les aberrations des prétendues « théories de la mémoire recouvrée » et des techniques génératrices de faux souvenirs. Holly a reconnu qu'elle avait complètement oublié ce traumatisme et qu'elle ne s'est souvenue des actes incestueux des années plus tard que sous la double influence des thérapeutes et du sérum de vérité. Évidemment, il n'est pas sujet ici de balayer les notions admises d'amnésie traumatique ou de délai de prescription pour dénoncer un agresseur sexuel. Dans cette affaire, il s'agit de dénoncer les pratiques pour le moins hasardeuses de professionnels de la santé mentale qui ont bien compris comment induire des souvenirs et modifier la mémoire [40]. À la suite de ses découvertes, Elizabeth Loftus et ses collaborateurs mettent au point une méthodologie standardisée et valide pour étudier l'influence de suggestions trompeuses sur la mémoire des témoins. Lors de leur expérience, ils exposent les participants à assister à un même événement. Certains d'entre eux seulement sont ensuite soumis à leur insu à des informations erronées le concernant, comme des détails inventés au sujet du déroulé de la situation en question. Ces témoins, après avoir été interrogés sur le récit des faits, dont ils ont été les spectateurs, ont été plus enclins à considérer comme vrai ce qu'on leur avait suggéré. Depuis ces travaux pionniers d'Elizabeth Loftus, de nombreuses études ont confirmé que **des témoins peuvent incorporer, dans leurs souvenirs, des informations trompeuses énoncées directement après l'événement auquel ils ont assisté. Il s'agit de « l'effet de fausse information »**. Par exemple, des personnes exposées à une conversation entre deux personnes ayant assisté au même événement qu'eux intègrent dans leur mémoire des informations fausses qui ont fait partie de l'échange qu'ils ont entendu. Ces expériences confirment l'influence d'une conversation infidèle à la réalité ou de questions suggérées sur la mémoire d'un témoin [41].

Aujourd'hui, nous savons que la parole d'un individu, enfant ou adulte, victime ou témoin d'un fait criminel, au cœur d'une enquête, par exemple, est mise à rude épreuve. Avant même que le témoignage ne soit recueilli, de nombreux facteurs peuvent déjà moduler le souvenir réel. Parmi ces éléments qui modifient notre récupération d'information : la suggestibilité, l'induction de faux souvenirs, la contamination du récit par d'autres témoins venant modifier la mémoire. Cela nous informe d'une chose, ce que nous croyons être « la bonne façon de penser », « le bon raisonnement », est en réalité plus que subjectif. Nos croyances sont souvent le fruit du mécanisme de pensée d'un autre. On apprend ainsi à réfléchir sur le monde comme notre mère, sur la société comme notre père, sur ce qu'est le bonheur comme je ne sais qui encore. **Ce n'est qu'après avoir ouvert les yeux sur nos conditionnements que nous pouvons comprendre que certaines visions sont des pensées automatiques préfabriquées et que nous n'y sommes absolument pour rien.**

POUR ALLER PLUS LOIN

Voici une sélection de quelques autres études passionnantes de l'ouvrage récapitulatif de David Gallo, célèbre chercheur et enseignant de psychologie à l'université de Harvard, sur le sujet des faux souvenirs et des erreurs de récupération de la mémoire [42] :

1997 – Imagination d'un souvenir et remémoration :
La psychologue américaine, Maryanne Garry, découvre que les personnes ont plus de certitudes qu'un événement d'enfance a existé après l'avoir imaginé. Par exemple, si on leur demande : « Lorsque vous étiez enfant, avez-vous brisé une vitre ? Imaginez la scène avant de me répondre ! », les sujets retrouvent plus fréquemment un tel « souvenir » que lorsqu'on leur pose la question directe : « Avez-vous cassé une vitre dans votre enfance ? ».

1998 – Faux souvenirs et interprétation des rêves chez les analystes freudiens :
La professeure en neurosciences Giuliana Mazzoni montre que l'interprétation d'un rêve par un thérapeute peut modifier les croyances en la véracité d'un souvenir

d'enfance en réalité complètement fictif. Le rêve a été défini par Freud comme la « voie royale qui mène à l'inconscient », et son interprétation comme devant permettre de dénicher des souvenirs d'expériences infantiles traumatisantes et refoulées. Certains cliniciens, adeptes des théories freudiennes, voient donc dans les rêves la réplique évidente d'un traumatisme de l'enfance. Pour ce faire, les rêves sont associés à des symboles dont les connotations sont invariablement sexuelles. Par exemple, une cavité (grotte, caverne, vase, etc.) symbolise un vagin, une aspérité ou une forme pointue (couteau, pistolet, serpent, etc.), un pénis. C'est dans cette optique qu'un rêve désagréable a fini par être traduit comme une scène d'abus sexuel... L'interprétation de l'analyste, par le biais de la suggestion, finit par induire l'idée d'un traumatisme. On imagine les dérives possibles.

2002 – L'effet de révélation :

Daniel Bernstein, docteur en psychologie et cryptologie de l'université de Washington, rapporte, quant à lui, que les sujets de ces expériences affirment avoir vécu différents événements dans leur enfance si la description de ces derniers contient un mot qui nécessite d'être déchiffré. Par exemple : avoir brisé une « tvrei » avec un ballon (au lieu de « vitre »). Ce phénomène appelé « effet de révélation », déjà connu avec des stimuli verbaux, est alors observé pour la première fois dans une tâche de mémoire autobiographique. Les phrases nécessitant d'être décryptées sont jugées comme des événements arrivés il y a plus longtemps que des phrases sans anomalie.

2004 – Photographies d'enfance et faux souvenirs :
Les chercheurs Lindsay et Loftus montrent que l'orientation des questions posées face à une très ancienne photo de classe facilite la formation de faux souvenirs d'enfance. Selon l'orientation des interrogations, la lecture actuelle de l'image ancienne peut devenir totalement fantaisiste. Des recherches plus récentes expliquent que la présentation d'images truquées peut modifier notre vision du passé, même si le sujet reconnaît la falsification. C'est l'illusion de familiarité avec le souvenir réel des faits qui semble permettre de percevoir la source d'informations perçues comme crédible. C'est ainsi que l'on peut modifier des souvenirs à l'aide d'une image connue, mais photoshopée. Dans l'expérience de Wade et Garry, on insère l'un des grands-parents du participant à l'étude sur une photo de lui, enfant, en train de pratiquer une activité sportive, et, dans la moitié des cas, le sujet est persuadé d'avoir réellement vécu cet événement au point de le raconter avec quantité de détails sensoriels.

2009 – Quand la matière blanche nous offre un éclairage :
L'Agence pour la diffusion de l'information technologique (ADIT) publie dans son *Bulletin électronique* du 1er septembre 2009 un travail de recherche intitulé « Faux souvenirs, vraies impressions : la matière blanche nous joue des tours », dont voici un extrait : « Une étude, issue de la collaboration de l'Instituto de investigación biomédica de Bellvitge (IDIBELL) et de l'université de Barcelone, lève enfin le voile sur les zones cérébrales impliquées dans les faux souvenirs. Ils ont découvert que les vrais souvenirs sont davantage localisés dans la substance blanche reliant l'hippocampe et le parahippocampe,

alors que les faux souvenirs sont plutôt situés dans la substance blanche reliant les structures frontales pariétales. Cette découverte publiée dans *The Journal of Neuroscience*, et qui mérite encore d'être validée, donnera sans doute lieu à des applications intéressantes dans le système judiciaire quant aux souvenirs retrouvés.

2010 – Modifications des goûts et ancrage de faux souvenirs : Les dernières expériences menées par les équipes de chercheurs autour d'Elizabeth Loftus montrent qu'en induisant un faux souvenir d'enfance, on peut créer, par le rappel d'un faux événement, un comportement de rejet d'un aliment en suscitant le dégoût et/ou une attirance vers un autre. Pour illustrer son propos, Elizabeth Loftus raconte comment elle a réussi à tromper l'acteur américain Alan Alda, en lui faisant croire qu'il n'aimait pas les œufs durs parce qu'il en avait trop mangé dans son enfance et en était tombé malade. Alda avait reçu, une semaine avant de participer à l'étude, un résumé de son histoire personnelle dans lequel avait été intégrée cette anecdote inventée de toutes pièces. Pendant le lunch avec les membres du laboratoire de Loftus et sous le regard amusé des étudiants, Alda a refusé de manger ses œufs durs, scène que l'acteur a accepté de diffuser devant des millions de téléspectateurs ! Sur le même élan, Loftus, dans une autre expérience appelée « *asparagus, a love story* » (« Les asperges, une histoire d'amour »), a réussi à persuader des étudiants testés qu'ils adoraient les asperges dans leur enfance, contrairement à ce qu'ils avaient prétendu au départ. L'expérience leur a non seulement donné goût aux asperges, mais encore l'envie d'en manger le plus souvent possible !

Que retient-on ?

Ce qui s'ancre en nous n'est pas anodin. Notre souvenir est le symbole de ce qui nous a marqués émotionnellement, sensoriellement. Autrement dit, notre mémoire est à l'image de ce que nos affects ont produit, une empreinte. Sans émotions éprouvées, pas de trace.

Aussi contre-intuitif que cela puisse paraître, notre cerveau retient plus facilement qu'il n'oublie. Dans une proportion plus ou moins grande, nous avons tous ancrés en nous des souvenirs que nous aimerions voir disparaître, c'est à partir de ce constat qu'une équipe de chercheurs de l'université d'Austin au Texas a conduit son étude [43]. « Nous pouvons souhaiter éliminer certaines images qui déclenchent chez nous des réactions extrêmes, comme le souvenir d'événements traumatiques », explique l'un des auteurs de l'étude et professeur de neuropsychologie, Jarrod Lewis-Peacock, avant de poursuivre par son hypothèse : « Une fois que nous aurons compris comment un souvenir peut être affaibli et contrôlé, nous pourrons proposer des traitements permettant aux personnes qui le souhaitent de se délester de ces souvenirs trop encombrants. »

Nos souvenirs ne sont pas statiques, ce sont des structures dynamiques qui se trouvent régulièrement actualisées ou revisitées en fonction de nos expériences de vie et du travail psychologique que l'on peut engager. Nous nous souvenons, nous oublions, une image en chasse une autre tandis qu'un traumatisme peut réactiver un événement du passé. Habituellement, l'oubli s'effectue soit intentionnellement par passivité, soit inconsciemment par refoulement ou amnésie traumatique. Dans tous les cas, ces processus d'oubli consistent en

> Les souvenirs ne sont, en général, jamais exempts de souffrance.
>
> Gao Xingjian, écrivain chinois

une suppression des étapes d'encodage ; et donc de récupération de la mémoire. Pour mener à bien leur étude, les scientifiques américains ont décidé de se concentrer sur le cortex temporal ventral, région du cerveau qui génère la mémoire et les émotions et qui permet de rappeler ou d'emmagasiner les souvenirs en mémoire à long terme. Concrètement, les chercheurs ont présenté à des participants une série d'images représentant des scènes de vie et des visages. Au moment de la présentation de chaque visuel, il leur était demandé de mémoriser ou d'oublier ce qu'ils voyaient. Au même moment, leur activité cérébrale était enregistrée grâce à l'imagerie par résonance magnétique fonctionnelle (IRMf). Les données de ces analyses ont apporté la preuve que les participants ont bien la capacité de contrôler ce qu'ils oublient, mais que réussir à oublier un stimulus nécessite davantage d'activité cérébrale dans les zones sensorielles et perceptuelles du cerveau que dans celles sollicitées pour se souvenir. La coauteure Tracy Wang ajoute qu'il faut « un niveau modéré, mais essentiel d'activité cérébrale pour engager un mécanisme d'oubli. Trop fort, cela renforce la mémoire, et trop faible, rien ne se modifiera [44] ». **C'est donc l'intention d'oublier qui augmente paradoxalement l'activation de la mémoire et il faut atteindre une forme de point d'équilibre « modéré » pour que l'oubli soit rendu possible.** À défaut, la mémoire s'imprime, on retient tout. Notons que les sujets de l'étude ont eu plus de facilité à effacer de leur mémoire les images de scènes que celles présentant des visages, ces dernières véhiculant, selon les chercheurs, une plus grande charge émotionnelle. Pour conclure, cette recherche œuvre à la compréhension du comment et du pourquoi nous sommes capables de retenir ; et donc d'oublier. Des oublis qui sont en réalité des étapes clés de notre capacité à prendre des décisions, de nos aptitudes à l'abstraction et de notre adaptation au quotidien. Une bonne mémoire doit

> Nous ne nous souvenons pas des jours, nous nous rappelons les moments. La richesse de la vie réside dans les souvenirs que nous avons oubliés.
>
> **Cesare Pavese, écrivain et traducteur italien**

certes nous permettre de retenir durablement les acquis, l'essentiel de nos savoirs ainsi que nos expériences, mais elle doit également, et c'est primordial, être en mesure d'effacer l'accessoire, l'encombrant. « Il est capital que le cerveau oublie les détails sans importance pour se focaliser sur ce qui compte vraiment dans nos prises de décision », résume le chercheur canadien Blake Richards dans son étude publiée dans une prestigieuse revue scientifique [45]. Selon lui, ce n'est qu'une fois délesté du superflu que notre cerveau devient efficace, car si nous sommes constamment en train de naviguer dans nos souvenirs anecdotiques, la prise de décision éclairée devient difficile. Le but de la mémoire serait donc, selon le point de vue de l'étude, de porter à son plus haut degré d'efficacité la capacité à faire des choix en guidant une prise de décision intelligente, et non la seule transmission « haute fidélité » d'informations à travers le temps.

Il est vrai qu'historiquement la neurobiologie et les neurosciences se sont concentrées sur la façon dont nous nous souvenons plutôt que sur l'oubli. Nous savons aujourd'hui que la fugacité de certains souvenirs offre deux avantages pour la prise de décision. Premièrement, elle améliore la flexibilité comportementale car, en éliminant les informations obsolètes, nous nous adaptons mieux aux situations en temps réel, nous sommes plus flexibles, plus ajustables, ce qui permet d'exploiter ses performances au maximum. Deuxièmement, la labilité de la mémoire favorise la faculté de généraliser sans être perturbé par l'anecdotique [46]. La pensée est régulée et est le fruit d'une moyenne des connaissances acquises, et non pas le jouet d'afflux mémoriels accessoires ou non représentatifs. Nous l'aurons compris,

> Penser, c'est oublier des différences, c'est généraliser, c'est abstraire.
>
> Jorge Luis Borges, avocat et professeur de psychologie

l'oubli n'est pas nécessairement un défaut de mémoire, au contraire, il représente une stratégie mnémotechnique plus optimale, car se souvenir de tout serait à bien des égards aussi fâcheux que de ne se souvenir de rien.

À cette question passionnante de ce que nous retenons, l'étonnant Daniel Kahneman, psychologue américano-israélien, lauréat du prix Nobel d'économie en 2002 pour ses travaux fondateurs sur la « théorie des perspectives » et connu pour ses travaux sur l'économie du bonheur, a proposé une loi nommée « loi de l'apogée-fin » (*Peak-end Rule*). Cette dernière affirme que lorsque nous essayons d'évaluer positivement ou négativement une expérience passée, notre jugement ne s'appuiera que sur deux choses : le moment le plus intense et la fin [47]. Voici l'étude menée dont l'objectif était donc de comprendre ce qui détermine la teinte émotionnelle des expériences que nous vivons. Kahneman et ses équipes décident d'évaluer le ressenti de 154 patients à la suite d'une coloscopie, intervention médicale douloureuse et désagréable. Au cours de la prise en charge médicale, les participants étaient invités à noter leur douleur sur une échelle allant de 1 à 10, et cela toutes les minutes afin d'obtenir une courbe d'évaluation en temps réel. Ensuite, une heure après la fin de l'examen, puis un mois plus tard, il leur a été demandé rétrospectivement de mettre une note finale d'évaluation de la douleur de l'acte médical subi. Les auteurs se sont ensuite chargés d'analyser les corrélations entre ces notes données à distance de l'événement et les évaluations en temps réel de la souffrance perçue [48]. Les résultats ont montré de manière plutôt surprenante que la note finale, attribuée une heure ou un mois après la coloscopie, n'était pas liée à la durée de l'examen, bien que celui-ci eût varié selon les patients de 4 à 67 minutes. Le temps passé à avoir mal n'influerait donc pas sur le souvenir que l'on a plus tard de l'événement vécu. En revanche, il a été constaté que les notes résultaient de deux facteurs : le seuil maximal de douleur ressentie au cours de la coloscopie et le seuil de douleur au moment précis où l'examen se terminait. **La charge émotionnelle, positive ou négative, de notre souvenir dépend donc de l'apogée et de la fin d'une expérience, mais pas de sa durée.**

Par la suite, Kahneman a voulu savoir si sa loi de « l'apogée-fin » fonctionnait aussi pour les situations agréables. Pour ce faire, ses équipes et lui ont utilisé des films plus ou moins longs et plus ou moins plaisants qu'ils ont fait visionner à des participants qui devaient noter de 1 à 10 leur sentiment de plaisir en temps réel, puis à la fin. Les résultats se sont avérés identiques à l'étude princeps : l'évaluation rétrospective du film qui a été réalisée dépend du moment le plus ardent et de l'intensité de la fin, mais pas de la durée globale du visionnage. Conclusion, on aura le sentiment d'avoir pris plus de plaisir lors de vacances courtes qui se terminent en apothéose que durant de longs congés, agréables, certes, mais qui se prolongent sans rien d'exceptionnel.

Ces découvertes ont bien des choses à nous apprendre. Dans le domaine médical, pour minimiser le souvenir douloureux de l'expérience vécue d'un patient, l'équipe soignante aurait tout intérêt à prolonger la prise en charge de sorte que le souvenir de la souffrance soit progressivement dissipé. Du côté positif, un artiste n'aurait, par exemple, aucun d'intérêt à offrir une œuvre trop longue. En revanche, une fin intense et exaltante laissera à son public un merveilleux souvenir.

À VOUS DE JOUER

Chaque souvenir a une saveur. Certains sont teintés de joie, d'autres de tristesse, d'autres encore de fierté ou de colère. Les souvenirs neutres émotionnellement s'inscrivent moins profondément dans la mémoire et participent moins à l'élaboration de la personnalité. L'émotion supervise la construction de soi, elle est une définition de notre histoire. Alors, à la question initiale de ce chapitre : « Que retient-on ? », nous serons d'accord pour dire que le tri et la conservation des informations s'opèrent très largement au travers du filtre des émotions.

Par exemple, faites ce petit exercice :
– De quoi vous souvenez-vous du jour du 11 septembre 2001 ?
Que faisiez-vous ? Étiez-vous seul ou avec d'autres personnes ? Si vous étiez entouré, pouvez-vous donner leur prénom ?
Sans trop de doutes, il est probable que vous puissiez répondre facilement à ces questions qui ramènent à des détails relativement précis d'un événement qui remonte à plus de deux décennies.

Passons à la question suivante :
– Que faisiez-vous il y a dix jours à 14 heures ?
Était-ce un lundi ? Un vendredi ? Qu'avez-vous déjeuné juste avant et étiez-vous accompagné ?
Là, il me semble que je vous perds, les souvenirs vous font défaut.

En réalité, tout est normal ! Cela s'explique par un phénomène cognitif simple appelé « *Flashbulb Memories* » (« souvenir éclair ») et théorisé en 1977 par Roger Brown et James Kulik, deux chercheurs en neurophysiologie, qui ont cherché à montrer la capacité d'un individu à se souvenir d'événements surprenants, inattendus et importants [49]. Pour eux, les critères d'une mémoire éclair sont : l'informateur (qui a annoncé la nouvelle), notre propre affect (ce que nous avons ressenti intensément), les conséquences au quotidien (importance et retentissement de l'événement), les réactions de l'entourage (comment les autres se sont sentis), l'activité en cours (ce que nous étions en train de faire) et, enfin, le lieu (où étions-nous lorsque l'événement s'est produit). Dans tous les cas, cette mémoire flash est toujours associée à un événement au retentissement autobiographique fort ou historique à l'échelle du monde, il est dramatique, inattendu, voire choquant.

Mais jusqu'à quel point l'émotion permet-elle de retenir un événement ?

C'est ce qu'a voulu expérimenter Dorthe Berntsen, spécialisée dans la recherche sur la mémoire autobiographique à l'université d'Aarhus au Danemark. Ses recherches portent essentiellement sur la capacité à se souvenir d'événements personnels du passé. Elle est la pionnière dans l'étude scientifique de ce phénomène et a examiné son travail en relation avec le trouble de stress post-traumatique et la dépression [50].

> Les bons souvenirs durent longtemps, les mauvais plus encore.
>
> Proverbe tchèque

L'étude qui nous intéresse concerne une étude comparative entre deux groupes. Un premier groupe de 145 Danois âgés de 72 à 89 ans qui ont tous vécu la Seconde Guerre mondiale, et à qui il a été demandé de remplir un questionnaire concernant cette période au travers de quatre thèmes : l'invasion de l'armée allemande, le jour de la Libération, les moments les plus positifs vécus et les plus négatifs. Sur les 145 participants, 66 avaient contribué à des missions de Résistance. Un second groupe plus jeune qui n'avait jamais connu la guerre autrement qu'au travers de documentaires. Dorthe Berntsen a ensuite interrogé tous les participants sur le déroulé de cette période de guerre et, sans grande surprise, les personnes ayant réellement vécu les événements et qui ont donc connu des émotions très intenses (positives ou négatives) ont été 5 fois plus performantes dans le rappel historique des faits. Les anciens résistants se sont révélés encore plus performants que les autres. **L'émotion joue donc un rôle indéniable dans la mémorisation, le stockage et la récupération. L'enseignement seul ne suffit pas.** D'ailleurs, les publicitaires l'ont bien compris, pour susciter l'émoi des automobilistes et leur faire intégrer que l'alcool au volant est un fléau, la sécurité routière ne fait pas qu'informer, elle choque avec des images d'accidents ultra-violents. L'émotion forte provoquée permet l'imprégnation du message.

Nous pouvons pousser notre réflexion en nous demandant s'il existe une différence de mémorisation en fonction de la teinte de l'émotion positive ou négative. Aux États-Unis, un événement a permis de trouver une réponse à cette question : la retentissante « affaire O.-J. Simpson », célèbre joueur de football dans les années 1970 accusé du double meurtre de sa femme et de son amant en 1994 [51]. L'affaire défraye la chronique et est médiatisée comme jamais un cas judiciaire ne l'avait été auparavant. Une caméra est présente en continu pour filmer les débats, permettant au public d'être informé de tout. À l'issue du procès, Simpson est reconnu coupable, il purgera une peine de prison à perpétuité sans possibilité de libération et devra payer un montant de 33,5 millions de dollars aux familles des deux victimes. Sept jours après le rendu du verdict du jury, les chercheurs décident de sélectionner un groupe de 156 étudiants pour leur demander ce qu'ils ressentent au terme de ce jugement. La moitié des participants se sont dits en colère et déçus de la décision du juge de ne pas appliquer la peine de mort. Un quart du groupe était satisfait. Enfin, le dernier quart n'avait aucune opinion, voire ne manifestait aucun intérêt pour ce procès. Quinze mois plus tard, les chercheurs reconvoquent le même groupe pour leur demander ce dont ils se souviennent au moment où le jugement a été rendu grâce à un questionnaire avec des propositions : « L'accusé a-t-il remercié le juge ? », « L'accusé s'est-il adressé aux jurés ? ». La moitié de la liste des questions faisait référence à des situations complètement fantaisistes qui n'avaient jamais eu lieu. Voici les résultats : les étudiants satisfaits du verdict, ayant donc ressenti une émotion positive, se remémoraient bien mieux le procès que ceux qui avaient eu un sentiment négatif ou neutre. En revanche, ils ont fait significativement plus d'erreurs quant à la réalité des événements déroulés. Les participants avec un avis négatif ont certes retenu moins d'éléments, mais leurs souvenirs étaient absolument justes. Leur imaginaire ne les a pas conduits à la fabrication de faux souvenirs. **Conclusion, qu'elle soit positive ou négative, l'émotion permet à la mémoire d'inscrire le souvenir, mais la qualité de la fixation de ce que l'on retient dépend du type d'émotions éprouvées.** Dans le cas d'une émotion positive, davantage d'éléments sont retenus, mais les détails ne sont pas toujours justes, la vision est globale.

Pour les vécus négatifs, nous nous les rappelons comparativement un peu moins, mais les détails restent précis, justes et plus dans le détail.

Mais, attention aux émotions négatives [52] ! Au-delà de la négativité d'une émotion, c'est sur son intensité qu'il convient de s'attarder. Une peur trop intense, par exemple, peut conduire à la sidération. Pensez à un enfant qui aurait subitement basculé au bord d'une piscine avant d'avoir appris à nager. La peur, associée à la surprise, créera un lien quasi automatique entre eau et danger (c'est la première définition que l'on pourrait donner au conditionnement, nous y reviendrons très largement dans cet ouvrage). Même dix ans plus tard, cette peur, que l'on pourrait qualifier d'irrationnelle puisque l'eau n'est évidemment pas seule synonyme de danger, pourra se manifester sous forme de phobie notamment. La mémorisation d'une situation s'est figée à l'émotion sans que le processus soit conscientisé, c'est acquis, et cela d'autant plus si ce type d'événement se produit dans l'enfance, car l'enfant n'a pas encore la capacité de relativiser, il généralise son expérience et en fait une loi, une évidence. Comme pourrait le faire un enfant battu ou maltraité exposé à de fortes charges émotionnelles négatives qui portent atteinte non seulement à son intégrité, mais aussi à sa confiance. Dans certains cas encore, un stress intense associé à une peur terrible produit un effet de panique pouvant entraîner une perte de capacité de mémorisation. Dans le cas d'abus sexuels, on parlera d'amnésie traumatique. L'encodage et le stockage se font, la récupération du souvenir devient impossible, car trop risquée pour la victime. La mémoire se dissocie pour parfois plusieurs dizaines d'années, le souvenir n'est plus mobilisable. C'est un mécanisme de défense qui a vocation à protéger de la violence, de la détresse et de revivre l'événement traumatisant. Les troubles psychotraumatiques sont des conséquences normales et universelles

> Les souvenirs oubliés ne sont pas perdus.
>
> **Sigmund Freud, neurologue autrichien et fondateur de la psychanalyse**

des violences qui s'expliquent par la mise en place de mécanismes neurobiologiques et psychiques de survie face à un stress extrême [53]. Des événements traumatiques majeurs peuvent donc avoir un effet de sidération du psychisme qui paralyse la victime, l'empêchant de réagir de façon adaptée et empêchant son cortex cérébral de réguler l'intensité de la réaction de stress et sa production d'adrénaline et de cortisol. Une peur extrême, véritable tempête émotionnelle, représente un risque vital pour le cœur et le cerveau par l'excès d'adrénaline et de cortisol (hormone du stress). Le sujet exposé à l'événement déclenche alors des mécanismes neurobiologiques de sauvegarde qui ont pour effet de faire disjoncter le circuit émotionnel et d'entraîner une anesthésie : le souvenir s'enfouit pour permettre de survivre [54]. **En conclusion, une émotion négative extrême, vécue le plus souvent lors d'un événement à caractère traumatique, ne facilite absolument pas la mémorisation, au contraire, elle produit l'effet inverse, la dissociation, l'amnésie.**

POUR ALLER PLUS LOIN

Comment un traumatisme modifie le cerveau

De nombreuses études ont travaillé sur le circuit cérébral du souvenir traumatique. Ces avancées ont permis de comprendre un mécanisme complexe de mémorisation et ont ouvert des voies pour de nouvelles prises en charge psychologiques. L'attentat terroriste du 7 janvier 2015 contre le journal *Charlie Hebdo* marquera certainement à vie ceux qui y ont réchappé. Dans les mois qui suivent ce genre d'événements ultraviolents, une partie non négligeable des rescapés et des témoins développe ce qu'on appelle un « syndrome de stress post-traumatique » (SSPT) [55]. **Un visage, un lieu, une voix, un bruit, une odeur, tout ce qui peut rappeler l'événement traumatique vécu est susceptible de raviver le souvenir douloureux et de déclencher un cortège de réactions émotionnelles et neurovégétatives très intenses** : souffle court, palpitations, attaque de panique, hypervigilance, flashback, tachycardie, sentiment d'horreur, d'impuissance ultime et de détresse psychologique... Le sentiment de mort imminente n'est pas loin.

Alors, que se passe-t-il dans le cerveau après avoir vécu un événement à fort impact émotionnel ? Une étude inédite publiée dans la revue scientifique *Nature* donne un début de réponse [56]. Pour la première fois, des chercheurs portoricains ont identifié les régions du cerveau impliquées dans l'encodage du souvenir traumatique.

Les chercheurs de l'université de Porto Rico ont pu observer, grâce à une technique appelée « optogénétique » (nouvelle méthode de recherche permettant de rendre des neurones sensibles à la lumière), que **le rappel du souvenir traumatique emprunte des circuits cérébraux différents et plus complexes que ceux d'un souvenir non traumatique.** En d'autres termes, la construction d'un souvenir dit « ordinaire » se fait grâce à la formation de nouvelles connexions synaptiques (points de jonction entre les différents neurones de notre cerveau). Toutes les modalités sensorielles, qu'elles soient visuelles, olfactives ou auditives sont alors activées, si bien qu'une simple odeur pourra faire rejaillir le souvenir, à l'instar de la fameuse madeleine de Proust. Le rappel d'un souvenir « simple » passe par l'hippocampe, structure clé du cerveau responsable de la mémoire à court terme et de la formation de souvenirs (l'encodage), transite ensuite par l'amygdale qui associe le souvenir à une émotion particulière, puis par le thalamus qui permet l'intégration (le stockage). Mais, et c'est ce que mettent en évidence les récentes recherches, les circuits de la mémoire ne sont pas les mêmes lorsqu'il s'agit d'un souvenir traumatique [57]. En effet, la réactivation d'un souvenir douloureux passe par le cortex préfrontal (qui contrôle les émotions), puis par l'amygdale et le thalamus, qui jouent alors un rôle de filtrage tout à fait spécifique des informations sensitives et sensorielles, sorte de codage excessif des souvenirs traumatisants. Les circuits empruntés ne sont pas standards, c'est ce qui expliquerait cet excès de mémoire. Naturellement, en fonction de la gravité du choc émotionnel de l'événement vécu, de la prise en charge psychologique mise en place, de la capacité de résilience de la victime, l'empreinte du souvenir peut se modifier avec le temps dans le cerveau. Elle peut progressivement s'effacer, ou du moins s'apaiser, ou, à l'inverse, se consolider. Dans le cas d'un syndrome de stress post-traumatique, l'effacement n'a pas lieu. Au contraire, le souvenir s'ancre et c'est le fameux filtrage par le thalamus qui semble la clé de ce phénomène d'« enkystage » [58]. **Lors d'un syndrome de stress post-traumatique, le souvenir continue à être associé à un sentiment de détresse, accompagné des réactions physiques et viscérales de la peur, même dans un contexte très différent**

de celui du choc initial. L'organisme vit comme en échec d'adaptation face aux dangers classiques du quotidien. En cause, le circuit du souvenir traumatique, maintes fois rappelé et qui finit par se complexifier de plus en plus, comme si le cerveau continuait de chercher, mais en vain, une réponse plus adaptée pour vaincre la peur. Le système neurobiologique de l'effroi vécu, du traumatisme est hyperexcité encore et encore. Pour sortir les victimes de cet état post-traumatique, il s'agirait de défaire le lien entre le souvenir traumatisant et les manifestations physiologiques de la peur, autrement dit de débarrasser, ou du moins de diminuer, le souvenir des émotions négatives associées, qui se réactivent sans cesse. Il reste encore aux chercheurs à approfondir les connaissances sur les neurotransmetteurs synaptiques impliqués, mais c'est un espoir de pouvoir intervenir de manière ciblée, soit chimiquement, soit physiquement, pour modifier ces circuits anormaux.

Dans tous les cas et avant même de prendre conscience des conséquences qu'aura un événement violent ou à caractère traumatique sur sa santé mentale, il est important pour la victime de se confier à un spécialiste. C'est une étape essentielle de pouvoir raconter, encore et encore, un événement hautement stressant pour créer une décharge émotionnelle et parvenir doucement à laisser l'événement s'éloigner dans le temps. L'empathie du psychologue et la reconnaissance de la souffrance vécue s'avèrent primordiales. Avec le temps, la victime pourra ainsi gagner en ressources et associer des émotions moins douloureuses à son souvenir. Dans un contexte d'écoute attentive, le rôle du psychothérapeute est d'offrir, à l'aide d'un bagage théorique qui doit être solide, des stratégies pour déjouer le conditionnement de son patient. **Le but est de l'amener à adopter une nouvelle perception des choses et de l'aider à transformer le traumatisme, avec son cortège de réactions physiques désagréables, en un souvenir plus neutre.**

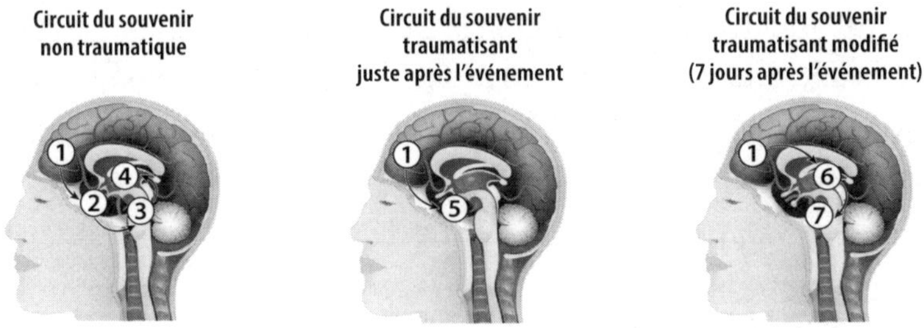

(1) Cortex préfrontal (2) Hippocampe (3) Amygdale (4) Thalamus (5) Amygdale basolatérale (6) Noyau du thalamus (7) Amygdale centrale

Cortex préfrontal
Zone impliquée dans de nombreuses fonctions cognitives (raisonnement, langage), exécutives (planification) ainsi que dans la gestion des émotions.

Hippocampe
Structure qui joue un rôle central dans les processus d'apprentissage et de mémorisation.

Amygdale
Centre du cerveau primitif qui gère les réactions émotionnelles, en particulier la peur.

Thalamus
Centre de relais et d'intégration des sensations et des capacités motrices, ainsi que de régulation de la conscience, de la vigilance et du sommeil.

La neuroplasticité cérébrale

Nous voici à un point déterminant de notre propos concernant le déconditionnement psychologique, celui de la neuroplasticité cérébrale, appelée aussi plasticité neuronale. Cette capacité exceptionnelle est une faculté de notre cerveau à récupérer des informations et à les restructurer. **Eh oui, notre cerveau est plastique et capable de se modifier, même à l'âge adulte !**

D'un point de vue philosophique, le cerveau est l'organe qui perçoit, qui pense et qui agit. C'est donc lui qui permet de donner un sens à l'existence. Au niveau sociologique, le cerveau est le chef d'orchestre de l'organisme qu'il gère tout en se gérant lui-même. Il est responsable de nos comportements ; et donc, de nos interactions avec les individus qui nous entourent. Scientifiquement, le cerveau constitue un enjeu majeur, car il renferme encore des mystères tant dans son développement, dans son fonctionnement normal et pathologique que dans ses facultés d'adaptation intellectuelles, émotionnelles et motrices.

Le cerveau, c'est quoi ?

Avec la moelle épinière, le cerveau constitue ce que l'on appelle le système nerveux central, capable d'intégrer les informations, de contrôler la motricité et d'assurer les fonctions cognitives. Il pèse environ 1,3 kg, dont 75 % d'eau, et reste l'organe le mieux protégé du corps. Il baigne dans le liquide céphalo-rachidien, réduisant les effets des chocs, et il est par ailleurs recouvert par trois enveloppes de méninges. Il consomme 15 à 20 % de l'énergie produite par l'organisme, essentiellement du glucose fourni dans l'alimentation au quotidien. Il est aussi traversé par un très grand nombre de vaisseaux sanguins permettant un apport important en oxygène. Notre cerveau est constitué de deux hémisphères, droit et gauche, réunis par le corps calleux qui se compose des neurones responsables de la communication des informations d'un hémisphère cérébral à l'autre. Chacun est, quant à lui, formé du lobe frontal, lieu du raisonnement, des fonctions du langage et de la coordination motrice volontaire, notamment ; du lobe pariétal, siège de la conscience du corps et de l'espace environnant ; du lobe occipital, grâce auquel l'intégration des messages est possible ; du lobe temporal, centre de l'audition, de la mémoire et des émotions ; du lobe limbique, pour traiter les informations concernant les émotions et la mémoire ; et enfin, du lobe de l'insula, qui joue un rôle fondamental dans le traitement de la douleur, des odeurs et du goût. Le cervelet, situé sous le cerveau, à l'arrière du crâne, contrôle l'équilibre et la coordination des mouvements. Le tronc cérébral sert de point de passage entre les hémisphères cérébraux et la moelle épinière. Notre cerveau est composé de 100 milliards de cellules nerveuses, « les neurones », qui constituent un réseau câblé très précis et qui permettent la propagation des messages nerveux.

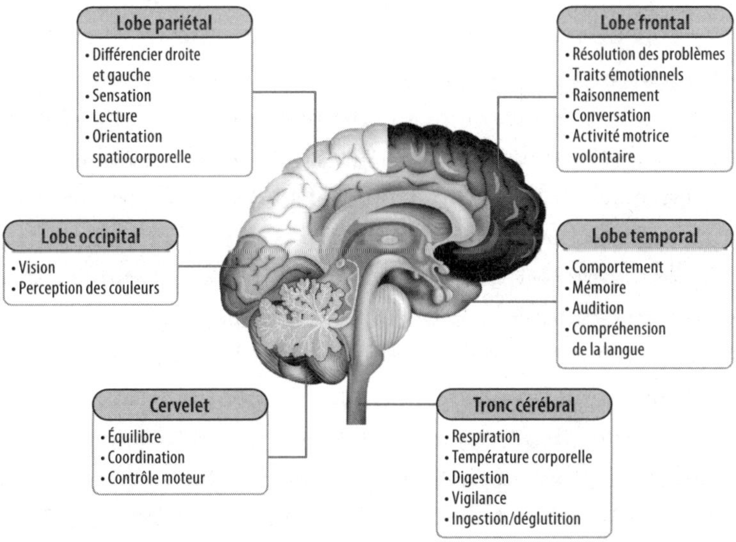

Longtemps, les scientifiques ont cru qu'à partir de 25 ans le cerveau commençait à perdre des neurones, mais l'on sait aujourd'hui que c'est faux. En réalité, la capacité plastique du cerveau est certes modifiée par le vieillissement normal, mais, pour compenser l'effet de l'âge, l'apprentissage reste possible, mais plus long. Alors, bien que réduite, la plasticité cérébrale

> Des neurones qui s'excitent ensemble se lient entre eux.
>
> Donald Hebb, neuropsychologue canadien

demeure intacte et possible jusqu'à la fin de la vie [59]. Notre cerveau peut se recréer, se défaire et réorganiser de nouveaux réseaux neuronaux. Grâce à la recherche, nous savons aujourd'hui que **de nouveaux neurones peuvent être produits tout au long de la vie, c'est la neurogenèse, et cette neurogenèse est précisément la capacité de réorganiser nos souvenirs, notre histoire, nos croyances.** Toute notre existence, nous avons la possibilité de nous adapter, de nous soigner de nos vécus, de nos traumas [60]. Les notions de plasticité neuronale et de neurogenèse sont assez proches, il existe cependant des nuances. Si la neurogenèse fait référence à la naissance et à la prolifération de nouveaux circuits de neurones dans le cerveau, la neuroplasticité est davantage une faculté du neurone existant à se régénérer d'un point de vue fonctionnel. En d'autres termes, à fonctionner différemment en formant de nouvelles connexions. Lorsque l'on apprend une nouvelle notion ou que l'on fait un travail psychologique sur son histoire personnelle, par exemple, notre cerveau va établir de nouvelles connexions. C'est comme si un nouvel apprentissage venait ouvrir un nouveau chemin. Plus nous empruntons cette nouvelle voie, plus cette route neuronale s'en trouve renforcée et facilitée. L'information gagne en efficacité, nous apprenons à penser autrement, le déconditionnement psychologique est à l'œuvre. **Notre cerveau est comme un muscle qui se nourrit du changement, mais se fige si l'on ne le travaille pas. Cette capacité plastique adaptative va permettre de récupérer après un trauma ou une lésion, mais aussi d'apporter une nouvelle lecture à certaines fausses croyances.**

Mais remontons dans le temps pour un peu d'histoire. Dans les années 1950, Donald Hebb, un neuropsychologue canadien, élabore une hypothèse qui sera la base de la découverte de la neuroplasticité cérébrale.

Pour le scientifique, si l'entrée de données cause l'apparition répétée de mêmes stimulations cérébrales, le chemin neuronal correspondant sera fortement renforcé. Les éléments qui valideront les croyances, par exemple, renforceront la voie neuronale, et, a contrario, tout ce qui ne fera pas partie de cette « configuration » inactivera de nouvelles voies de compréhension. Hebb appellera une configuration apprise un « engramme » [61]. En d'autres termes, lorsqu'un neurone envoie des messages répétés à un autre neurone, le deuxième devient graduellement plus sensible au message. Ce phénomène est à l'origine de la mémoire à court terme, mais il se renforce avec le temps jusqu'à ce que le message se stocke et entre dans une mémorisation durable, la fameuse mémoire à long terme.

Au cours des années 1960-1970, de très nombreuses études issues de données sur des études animales ou sur des cultures cellulaires appuieront l'hypothèse de Donald Hebb. Parmi les travaux les plus marquants, on retrouve ceux du neurophysiologue comportementaliste Richard Thompson qui réussira à démontrer la faculté des neurones à augmenter ou à diminuer leur sensibilité à certains stimuli, c'est-à-dire à faire des distinctions entre différentes informations à valider ou non. **Thompson a été le premier neuroscientifique à identifier et à cartographier les circuits neuronaux responsables du conditionnement psychologique.** Il est décédé prématurément en 2014, ses pairs s'accordent à dire que la science psychologique a perdu un géant [62].

C'est à la fin des années 1980 que le professeur en neuroendocrinologie américain Bruce McEwen met en évidence la vulnérabilité de nos cellules cérébrales au stress chronique, diminuant ainsi la capacité de créer de nouvelles connexions neuronales [63]. En résumé, des facteurs stressants viendraient à terme inhiber la capacité de créer de nouveaux circuits neuronaux, altérant les pensées et les comportements du sujet. Notons que nous manquons encore d'études menées sur le long terme concernant les connexions neuronales et la plasticité. Malgré tout, les chercheurs ont prouvé avec certitude que les premières expériences de vie sont cruciales dans le développement du cerveau et que l'exposition à l'adversité pendant l'enfance et l'adolescence a un impact durable sur le fonctionnement de la pensée [64]. Les influences exercées par l'éducation, la qualité des liens parentaux et l'acquisition de l'attachement affectif sont particulièrement déterminantes dans la sensibilité au stress au cours de la vie ; et donc au développement cérébral. Ce type de « stresseur » altère les fonctions cognitives, mais ne cause pas de « dommages » en soi. Nos schémas de pensée peuvent toujours être inversés grâce à un travail psychologique qui pourra présenter de nombreux bénéfices sur le psychisme et le corps [65].

La neuroplasticité cérébrale est donc notre pouvoir magique traduisant la capacité de nos neurones à se modifier, à se remodeler tout au long de la vie pour s'adapter à un environnement nouveau, à de nouvelles compétences, à de nouvelles compréhensions de notre histoire personnelle. **Ainsi, chaque seconde, notre cerveau se développe en fonction des expériences affectives, du travail psychique que nous entreprenons, des apprentissages cognitifs que nous vivons.** Grâce aux nouvelles techniques toujours plus modernes d'imagerie cérébrale, nous pouvons désormais voir le cerveau se modifier en fonction des acquisitions et de ce que nous vivons ou avons vécu [66]. Par exemple, dans le cerveau des musiciens, il a été montré des modifications significatives du cortex cérébral liées à la pratique de leur instrument depuis l'enfance. Par exemple, chez des pianistes professionnels ayant commencé à jouer de leur instrument à l'âge de 6 ans, l'IRM a révélé un épaississement du cortex dans les zones dédiées à la motricité des mains et de l'audition. Ce phénomène est le symbole de la fabrication de connexions supplémentaires entre les neurones. Ces résultats ont pu prouver l'impact majeur de l'apprentissage, quel qu'il soit, sur la construction du cerveau des enfants dont les capacités de neuroplasticité cérébrale sont d'autant plus prononcées dans la jeunesse. De la même façon, la peur, les carences affectives, les traumatismes jouent un rôle dans la création de nos voies neuronales. **L'un des points essentiels à retenir est que la plasticité cérébrale reste à l'œuvre pendant toute la vie, même à l'âge adulte donc.** En 2000, une étude en neuro-imagerie réalisée chez des chauffeurs de taxi londoniens a montré que les zones du cerveau qui contrôlent la représentation de l'espace et la matière grise responsable de l'analyse des informations et de l'élaboration des réponses sont plus développées et se potentialisent avec le nombre d'années d'expérience de la conduite [67]. Bien sûr, les découvertes sur la plasticité phénoménale de notre cerveau ne se sont pas arrêtées là. En 2007, ce sont des études sur des mathématiciens professionnels qui ont révélé un épaississement significatif des régions cérébrales impliquées dans le calcul et la représentation visuospatiale [68]. Un autre exemple éloquent décrit chez des sujets apprenant à jongler un épaississement des régions spécialisées dans la coordination des mouvements des bras et des mains après seulement trois mois de pratique.

Notre pouvoir à tous est de ce fait l'apprentissage. L'apprentissage de nouvelles compétences, certes, mais l'apprentissage de soi aussi. Surtout. Lorsque l'on apprend, et c'est une règle, son cerveau change. Il peut parvenir à penser et à faire différemment, de nouvelles connexions se font et d'autres, existantes, se défont. Nos schémas de pensée peuvent ainsi se renforcer ou s'affaiblir. Nous avons la possibilité de continuer à croire ce que nous avons toujours cru ou de travailler à voir autrement. L'apprentissage, l'éducation que nous avons reçue, oriente l'architecture de notre cerveau, c'est un fait. Alors, puisque apprendre a ce pouvoir, il nous est offert de le modeler, d'évoluer.

Concluons cette partie sur la neuroplasticité avec de belles découvertes pleines de promesses. Nous l'avons compris, **une caractéristique déterminante du cerveau est sa remarquable capacité à subir un remodelage fonctionnel et morphologique dépendant de nos apprentissages via des mécanismes de plasticité qui constituent la base de notre capacité à encoder, à stocker et à restituer des souvenirs.** Depuis la découverte de cette potentialisation à long terme, le rôle du renforcement des schémas neuronaux dans la mémoire a fait l'objet de recherches considérables. De nombreuses études ont fourni de nouvelles informations sur la façon dont cette plasticité peut favoriser nos capacités mémorielles, et celles-ci semblent illimitées [69] ! En Italie, des chercheurs ont tenté de savoir comment réagissait un cerveau à une stimulation transcrânienne ayant pour but de simuler l'activité cérébrale au cours d'un apprentissage. L'étude, non invasive, a été menée sur des souris. Le courant de très faible intensité était indolore, car la stimulation ne consistait qu'à toucher les aires cognitives de la mémoire grâce à deux électrodes placées directement sur le crâne. Dans ce travail, paru dans le célèbre *Scientific Reports*, il a été montré que **ce type de traitement par électrostimulation, à l'origine utilisé pour traiter les lésions post-AVC, les dépressions résistantes aux soins classiques ou encore le trouble bipolaire, permettait aussi de développer la plasticité cérébrale** [70]. Après avoir exposé les souris à des sessions de vingt minutes, les chercheurs ont noté des signes d'amélioration de leur mémoire, notamment au cours des apprentissages. Les rongeurs ont amélioré leurs performances dans des tests où ils devaient se déplacer dans un labyrinthe, ou encore reconnaître l'utilisation d'objets connus ou non. L'équipe italienne a également souligné un accroissement de la neuroplasticité au niveau de l'hippocampe, chargé de faire convertir le souvenir à court terme en souvenir à long terme, ainsi qu'une augmentation significative de la protéine BDNF (*Brain-Derived Neurotrophic Factor*), essentielle au développement neuronal et au contrôle de la plasticité synaptique. Ces résultats encourageants ont prouvé que l'électrostimulation avait amélioré la mémoire par un remodelage cérébral renforçant l'apprentissage et la mémoire. Le docteur et directeur de l'Institut de physiologie humaine de l'université catholique de Rome, Claudio Grassi, qui a mené cette recherche, consacre aujourd'hui tout son travail à la découverte de nouveaux traitements et stratégies thérapeutiques dans la maladie d'Alzheimer. Finissons enfin avec cette jolie histoire qui nous vient des États-Unis et qui ouvre encore plus le champ des recherches concernant les pouvoirs de notre mémoire [71]. Il y a quelques années, James McGaugh, professeur émérite au département de neurobiologie et du comportement de l'université de Californie à Irvine et directeur fondateur du Centre de neurobiologie de l'apprentissage et de la mémoire, reçoit un e-mail étonnant. Une femme de 34 ans lui affirme qu'elle n'oublie rien de chaque jour de sa vie depuis l'âge de 7 ans. Au scepticisme s'est mêlée la curiosité. Finalement, le docteur et ses équipes ont suivi la jeune femme pendant cinq années durant lesquelles elle a suivi des tests psychologiques, neurologiques, biologiques et comportementaux, jusqu'à conclure qu'il s'agissait bien du premier cas indiscutable de mémoire inaltérable qualifiée d'hypermnésie : « À chaque fois que j'entends une date, à la télévision ou ailleurs, je me projette automatiquement à ce même jour et je me souviens de tout. Où j'étais, ce que je faisais, quel jour de la semaine c'était et le temps qu'il faisait », raconte-t-elle. Un don ? Plutôt un fardeau selon son témoignage. Grâce au journal intime qu'elle tient depuis l'âge de 10 ans, les chercheurs ont pu vérifier l'incroyable exactitude de ses souvenirs autobiographiques. Mais elle dit écrire avant tout pour tenter de décharger sa mémoire de tous ses souvenirs ! Les chercheurs ont publié leurs résultats sur cette mémoire ininterrompue, incontrôlable et automatique en 2006 [72]. Grâce à des techniques d'imagerie cérébrale sophistiquées, ils ont pu montrer des modifications au niveau de neuf structures cérébrales, prouvant des capacités spécifiques a priori non liées à des compétences d'apprentissage de type entraînement de rappel ou stratégies mnémotechniques. Ce qui n'est pas le cas du Danois, Mark Aaroe Nissen, devenu « grand maître de la mémorisation » en 2010 et qui s'amuse à dire que « lorsqu'on connaît la technique, c'est un jeu ! Il faut transformer les choses abstraites en choses concrètes... » Le valet de trèfle avant la dame de pique, par exemple, lui évoque Napoléon qui joue du piano. Il retient ainsi, en se racontant des histoires, l'ordre d'un jeu de 52 cartes en 50 secondes, une série de mille chiffres en une heure ou encore une trentaine de mots grâce à des images mentales de pièces d'une maison qu'il aime parcourir en mémoire [73].

À VOUS DE JOUER

Voici quelques méthodes qui permettent de stimuler son cerveau en augmentant les connexions cérébrales. Chacun à notre rythme, nous avons le pouvoir de travailler notre plasticité et de potentialiser nos capacités d'apprentissage et nos facultés à retenir, alors c'est parti pour une séance de musculation :

1. Apprendre une nouvelle langue : l'apprentissage d'une langue étrangère stimule et améliore les fonctions cognitives en sollicitant principalement l'aire de Broca, qui gère la production et l'expression du langage, et l'aire de Wernicke, chargée de la compréhension. Des études ont montré un renforcement des matières grise et blanche chez des étudiants ayant appris une nouvelle langue, en seulement cinq mois de pratique.

2. Jouer de la musique : il a été prouvé que la musique et l'apprentissage d'un instrument entraînent une augmentation de la plasticité neuronale, ce qui améliore l'humeur, la capacité d'apprendre et de se concentrer, mais aussi de meilleures perceptions auditive et visuelle. Les musiciens ont une plus forte concentration de neurones dans l'hippocampe, ces résultats confirment que la pratique de la musique stimule les circuits neuronaux de la mémoire et contrent efficacement les effets du vieillissement cérébral.

3. Jouer aux jeux vidéo : oui, vous avez bien lu ! De nombreuses études suggèrent que les jeux vidéo possèdent de nombreux bénéfices au niveau cognitif en améliorant, entre autres, la coordination, la mémoire, le temps de réaction, la prise de décision et la résolution de problèmes. Chaque jeu a des bienfaits qui lui sont propres. Les jeux d'aventure permettent d'améliorer la mémoire, les puzzles augmentent la connectivité neuronale alors que les jeux de danse ou d'exercices physiques améliorent l'attention. Attention, tout de même, au temps que l'on y consacre et qui peut devenir contre-productif.

4. Faire du sport : tout le monde connaît les bienfaits physiques du sport, mais faire de l'exercice contribue aussi à muscler son cerveau ! En particulier, les sports qui sollicitent plusieurs groupes musculaires et exigent un effort de coordination, tels que la natation, la danse, le football, le cyclisme ou la course, par exemple. Selon une étude de l'université de Genève, une séance de sport intensif déclenche la sécrétion d'endocannabinoïdes, molécules produites par l'organisme, connues pour augmenter la plasticité synaptique en se fixant sur des récepteurs de l'hippocampe.

5. S'essayer à l'art : l'apprentissage de l'art, comme le dessin ou la peinture, modifie la structure et la fonction neuronale, ce qui profite directement à notre cerveau. Les activités artistiques créent de nouvelles voies cérébrales en raison de leur forte connexion avec les émotions. L'art permet d'éprouver, de se remémorer, de ressentir. Le souvenir passe alors par les affects, les sens, c'est un autre moyen d'apprendre qui gagne à se développer.

6. Réciter et répéter : la répétition est une voie royale de l'apprentissage, car elle favorise l'encodage ; et donc le passage de la mémoire à court terme à la mémoire à long terme. En segmentant les contenus à mémoriser, l'objectif se clarifie, les informations se soudent les unes aux autres pour former une compréhension solide qui se stockera plus facilement. Il semble important de réactiver très vite les nouveaux enseignements, soit par répétitions « en bloc », c'est-à-dire intensives et de courte durée, soit à « intervalles espacés, mais réguliers » sur un temps plus long.

7. Imaginer mentalement : le concept d'image mentale est utilisé en psychologie cognitive pour décrire la représentation cérébrale mémorisée ou imaginée d'un objet, d'un concept, d'une idée, d'une situation ou d'un souvenir. Les images mentales sont imprimées d'informations provenant de n'importe quelle source d'entrée sensorielle. Nous pouvons avoir des images visuelles, mais aussi auditives, voire la mémoire d'une odeur, d'une saveur, d'un toucher. Cette faculté de se souvenir permet d'entretenir des connaissances et de les développer. Grâce à cette mémorisation mentale, il est possible de répéter un exercice de piano, de visualiser un cours écrit dans un cahier, de reproduire les étapes de résolution d'un problème, bref, d'accélérer la récupération des connaissances et de potentialiser l'exécution par la suite.

8. Lire toujours et encore : la lecture contribue à développer l'activité et la plasticité cérébrale en permettant de transformer des concepts abstraits en connaissances. Elle abolit le temps et devient un moment de détente dédié à l'apprentissage. La lecture est une sorte de stimulation de l'imaginaire, une gymnastique de l'esprit favorisant la mémorisation, le vocabulaire, les expressions orale et écrite.

9. Méditer : la méditation est un moyen efficace pour entraîner la mémoire et aider à faire le tri. Elle améliore, de fait, la connectivité cérébrale. Une étude de l'université de Californie a montré que la méditation accroît les capacités de mémorisation et réduit les problèmes de concentration. En 2012, des chercheurs du Massachusetts Institute of Technology (MIT) ont identifié un circuit neuronal qui rend possible la création de souvenirs durables grâce à une pratique de la méditation, qui doit cependant, pour être efficace, être assidue et régulière.

10. Surtout... dormez ! : il existe un lien très étroit entre le sommeil et la mémoire. Au cours d'un sommeil nocturne, le cerveau traverse en moyenne cinq cycles de 90 minutes, comprenant chacun le sommeil léger, le sommeil profond, puis le sommeil paradoxal. Le sommeil prépare le cerveau à encoder de nouvelles informations et consolide les apprentissages déjà encodés. Le sommeil profond du début de nuit a deux fonctions essentielles : préparer les circuits cérébraux à de nouveaux encodages et assurer la consolidation active (renforcement et restructuration) de la mémoire déclarative (épisodique et sémantique). Le sommeil paradoxal, plus tardif, a pour fonction principale de consolider la mémoire procédurale (habiletés motrices et perceptives) et, en partie au moins, la mémoire émotionnelle. Dormir, c'est aussi retenir.

Les traces du transgénérationnel

Nous sommes notre famille, notre passé et une partie des individus qui nous entourent. Selon les analyses de Nietzsche, si l'homme vivait solitaire, il aurait pu se passer de conscience. C'est parce que nous sommes des animaux sociaux que nous avons appris à prendre conscience de nous-mêmes et de la façon dont nous nous subordonnons à tout ce que nous avons connu, tout ce que nous apprenons de notre histoire. En définitive, la conscience de soi n'est pas l'ultime savoir, le niveau de subjectivité le plus élevé, mais l'un des reflets de notre existence collective, familiale, transgénérationnelle [74].

> Qui ne croit en lui-même ment toujours.
>
> **Friedrich Nietzsche, philosophe allemand**

Le prodigieux Arthur Rimbaud a peut-être été l'un des premiers penseurs contemporains à s'interroger sur l'altérité, le rapport de soi à l'autre, le lien entre soi et son histoire. C'est à Paul Demeny, ami poète, que Rimbaud écrira dans une lettre dite *Lettre du voyant*, le 15 mai 1871, la célèbre formule : **« Je est un autre. » Cette phrase ontologique conduit à penser que nous sommes tributaires de notre environnement, de notre passé.** Il s'agit d'une remise en cause identitaire pure, un postulat inébranlable. La formule semble paradoxale, car en contradiction avec le « moi », c'est-à-dire l'identité même, et son « contraire », ce qui est étranger. Pourtant, Rimbaud poursuit et insiste. Il assiste enfin « à l'éclosion de sa pensée », il la regarde et il l'écoute. Rappelons que, dans la première des *Méditations métaphysiques*, Descartes propose de douter de tout une fois dans sa vie, dans l'espoir de refonder tout l'édifice de son savoir. Il pousse le doute jusqu'à remettre en question la fiabilité de ses propres pensées. Mais, dans la *Deuxième méditation*, sa première certitude, surgissant au sein d'un doute initialement radical, devient : « Je suis, j'existe [...] » Ce que je pense peut être faux, mais il est absolument certain que je ne peux penser sans être. La certitude de l'existence du sujet, parce que pensant, fait son entrée magistrale. Quand Descartes revient sur l'acquis du cogito « je pense, donc je suis », il se définit alors pleinement comme une chose. Le « moi » est clairement défini par la conscience de soi et il est le maître des pensées tant qu'il sait se garder des deux principales causes d'erreurs : la précipitation et les préjugés.

Le sujet cartésien domine alors un monde pacifié au-dedans comme au-dehors par la clarté de ses analyses : chacun est conscient de soi et responsable de ses actes envers les autres et envers l'autre absolu qu'est Dieu. Dans l'analyse de sa *Troisième méditation*, Descartes se rend compte de ce qu'il a pu douter du monde et de lui-même, car il prend conscience de son imperfection, sa pensée évolue, le « je » n'est pas un autre, mais il porte pour beaucoup la marque de tout « autre » [75].

Quelle est donc cette transmission transgénérationnelle qui, d'une certaine mesure, nous détermine, mais que chacun doit aussi pouvoir s'approprier ? « Ce que tu as hérité de tes pères, pour le faire tien, acquiers-le pour le posséder », disait Johann Wolfgang von Goethe, romancier et poète allemand. L'auteur nous apprend que **nous sommes constitués et prédéterminés biologiquement, génétiquement, psychiquement et bien sûr culturellement, par un héritage qui se transmet de génération en génération et qui nous définit en grande partie** [76]. Mais, dans ses mots, il apparaît aussi que cet héritage a la vertu de se travailler, de se recréer, de se transformer au gré de la vie et des chemins que l'on souhaite prendre. De notre volonté peut naître la reprise de notre trajectoire, même dans les cas extrêmes de transmissions traumatiques transgénérationnelles. Bonne nouvelle !

Dans l'exercice du métier de psychologue clinicien, nous sommes confrontés au quotidien à des sujets qui souffrent d'avoir reçu en héritage des vécus d'événements traumatisants, collectifs ou individuels. De ce postulat devenu indéniable naît l'importance d'approfondir la compréhension des mécanismes de transmission de ces récits, dont chacun peut devenir l'héritier, le récepteur, voire le symbole silencieux. Cet héritage viendra alors entraver un équilibre psychique, un rapport aux autres, à la vie pour des générations à venir. Nous n'héritons pas de nos aïeux que d'un regard bleu azur, d'une éloquence ou de quelques

> Ce qui ne s'exprime pas en mots s'imprime et s'exprime alors en maux.
>
> Anne Ancelin Schützenberger, professeure en psychologie française

autres caractéristiques. Nous avons un peu aussi de ce qui ne se voit pas au premier abord : un deuil non accompli, un secret de famille, un drame, un traumatisme psychique et/ou physique. Nous sommes tous au cœur d'une filiation transgénérationnelle qui concerne tout ce qui est transmis inconsciemment au sein d'une même famille.

En psychologie, le travail transgénérationnel est marqué par de nombreux signes et symptômes familiaux et individuels liés à l'interdit d'apprendre, de transmettre par la parole. Les choses sont déposées sans être nommées, l'héritier devient alors légataire désigné et transmet à son tour ce qu'il sait ou croit savoir, aboutissant à une circulation fantasmatique et potentiellement lourdement traumatique pour lui et le reste de la famille. L'impuissance est là, face à cette immuable répétition qui force à reproduire ou à porter encore et encore un héritage familial lourd. Les découvertes fondamentales récentes sur les neurosciences ouvrent de nombreuses perspectives dans le traitement clinique des souffrances transgénérationnelles. Ces recherches s'avèrent indispensables, car elles offrent une nouvelle compréhension des interactions culturelles, filiales et intragénérationnelles qui permettent de comprendre combien nous ne sommes pas uniquement déterminés par nos gènes, surtout dans les premiers temps de la vie psychique et relationnelle [77]. Ces domaines de compréhension proposent donc des perspectives révolutionnaires sur nos conceptions de la transmission transgénérationnelle et sur sa plasticité lors de la construction de nos patterns de pensée, permettant ainsi de nouvelles approches thérapeutiques concernant, par exemple : les mécanismes d'identification (lorsque l'on modèle sa personnalité sur celle d'un autre pour s'en rapprocher), les fantasmes de transmission qui imprègnent les liens de parentalité et les liens de loyauté familiale (lorsque l'on se sent comme héritier d'un passé, d'une histoire), les schémas de répétition (lorsque l'on répète systématiquement les mêmes comportements, aussi dysfonctionnels soient-ils). Grâce à ces connaissances et à la recherche, nous savons comment se perpétuent les traumatismes psychosociaux, zones de silence où l'individu subit une histoire singulière, inscrite dans un collectif et qui voyage dans les générations futures par la narration, mais aussi bien souvent par le non-dit.

De plus en plus, nous avons à cœur de mettre en lumière nos racines. Chacun peut chercher à comprendre comment un événement, un traumatisme, une relation conflictuelle, un secret vécus par une génération passée peut conditionner des fragilités, une sensibilité psychologique particulière, des comportements inquiétants, (au premier abord) inexplicables. L'analyse transgénérationnelle permet en définitive de donner du sens et d'expliquer ce qui n'a pas été déchiffré, ce qui est resté insondé. Cette compréhension entraînera la conscientisation d'une forme de reproduction intergénérationnelle et favorisera la déculpabilisation afin d'abandonner une fois pour toutes ce qui ne nous appartient pas et de se choisir, soi, comme son propre chemin. L'objectif n'est pas d'annihiler l'histoire, mais qu'elle ne soit plus un poids mental, car, pour construire sa vie, il faut connaître son passé, ses origines. Les traces affectives laissées par les générations antérieures demeurent dans chaque famille, elles sont aussi des trésors, des facteurs importants de résilience et de motivation, il est important de le souligner également. Nous sommes tous, sans exception, le produit de nos origines. Éclairer les recoins du passé pour devenir maître de soi reste un travail passionnant, bien que bouleversant à bien des égards. D'où viens-je ? Pourquoi moi ? Quel passé m'habite ? Nous aurons chacun, à un moment de notre vie, besoin de lever ce voile sur nos racines et ce qui fonde notre existence avant même notre venue au monde.

Afin d'illustrer les différents phénomènes de transmission transgénérationnelle, je vous propose de petites vignettes cliniques qui pourront apporter davantage d'éclairage sur les différents mécanismes que nous avons abordés dans cette partie.

Les concepts de transmission transgénérationnelle et de transfert des traumatismes des psychologues Edith Tilmans-Ostyn [78] et Konrad Stettbacher [79]

Chez certains patients, qu'ils soient adultes ou enfants, la recherche dans l'histoire personnelle s'avère périlleuse, et ce malgré l'aide du psychologue. Les événements traumatiques ne sont pas identifiés ou n'expliquent pas le fait d'aller si mal. La clé se trouve généralement bien auparavant dans le temps, dans un héritage inconscient de nos ancêtres. Parfois, il s'agit des parents, parfois d'une génération encore antérieure qui se révèle en nous bien des décennies plus tard.

ILLUSTRATION CLINIQUE

Une mère vient en consultation pour sa fille de 6 ans qu'elle élève seule depuis son divorce. La maman dit percevoir de la régression dans le comportement de son enfant qui réagit de plus en plus à des situations du quotidien par un fort sentiment de peur, comme une expérience de danger. La petite reprend la tétine, s'endort avec difficulté, et montre des signes d'hypervigilance. Elle réclame sa mère « anormalement et semble craintive ». Après quelques relances du psychologue pour la conduire à verbaliser davantage, la mère de famille raconte avoir perdu son calme après une petite bêtise de sa fille et avoir haussé le ton de façon « inhabituelle ». À cette occasion, elle s'est rendu compte du fait que son enfant réagissait comme une enfant maltraitée. Elle s'est prostrée et s'est urinée dessus. La mère s'effondre alors. Cette terreur, elle la reconnaît enfin. C'est celle qu'elle a ressentie toute son enfance lorsque son grand frère venait passer ses nerfs sur elle à coups de poing et de genou. Son père était absent. Sa mère travaillait beaucoup. Personne à l'époque ne pouvait la défendre. Elle subissait les violences répétées de son frère dans un total sentiment d'impuissance et sans que personne ne semble remarquer la souffrance qu'elle vivait. Sans secours. Aujourd'hui encore, la mère de famille rencontre de grandes difficultés conjugales. Elle se dit ne pas être respectée. À son sens, la menace est partout et il faut la prévoir. Elle souffre d'un trouble anxieux généralisé, et sa vie sentimentale tumultueuse témoigne de sa peur de s'attacher affectivement au risque de devenir l'objet de maltraitance d'un homme. Au travers de ce comportement non formulé, mais très bien assimilé par sa propre fille, l'enfant communique ce qu'elle comprend de l'histoire enfouie de sa mère. Par fidélité, elle la fait sienne. Le danger est là, partout autour de nous, et nous ne savons pas à quel moment il nous fera mal...

Au travers de ce témoignage, nous comprenons qu'un enfant, qui pourtant ne connaît pas l'histoire de ses parents, peut, par le biais de symptômes manifestes de frayeurs, vivre une émotion qui ne lui appartient pas. Les affects ont été comme enkystés. Edith Tilmans-Ostyn explique que l'enfant devient le dépositaire d'une souffrance qu'il n'est pas censé posséder, mais dont il révèle l'existence, la persistance, par des manifestations psychologiques. Cette vignette montre combien un parent peut être celui qui détient la clé de l'énigme du patient en question et que, sans avoir questionné l'histoire familiale, la compréhension de la souffrance de l'enfant n'aurait pas été accessible. Konrad Stettbacher explique dans la même lignée que **lorsqu'une situation réactualise par des traits communs un traumatisme non dit (une émotion, une ressemblance physique avec l'auteur du traumatisme, une odeur…), une énergie psychique similaire à l'événement refoulé se manifeste.** Crispation, sentiment de malaise, d'angoisse, tremblement dans la voix, sidération, douleurs somatiques, la personne revit à son insu les réactions physiologiques du traumatisme, alors même qu'elle n'est pas la victime du trauma originel. Quand le psychotraumatisme n'est pas mis en mots, il finira par suinter, à s'exprimer, jusqu'à parfois être visible de l'entourage d'abord, être visible du psychologue souvent. Quand la mère hausse le ton sur sa fille, elle retrouve simultanément, dans les yeux de son enfant, sa propre terreur face à un frère maltraitant et l'effroi de lui avoir transmis son traumatisme. Le choc est à la hauteur de la prise de conscience même si, à ce stade-là de compréhension, tous les liens conscients ne sont pas encore faits. **La jeune enfant est témoin en quelques minutes de la colère de sa mère, de son éveil, de son désarroi, puis de sa tristesse de reproduire un schéma traumatique.** Situation évidemment incompréhensible pour une enfant de 6 ans à qui il manque un bout de l'histoire. La petite fille s'apprêtait à se faire réprimander, elle sera finalement étreinte et suppliée d'être pardonnée par sa mère. **Cette situation d'incompréhension chez un jeune crée de l'insécurité. Il y a quelque chose qui lui échappe, alors, pour tenter de le déchiffrer, il répétera encore et encore les mêmes situations pour revoir la réaction que cela suscite chez son parent et faire en sorte de le comprendre.** Et lorsque les reproduire dans le cadre familial ne permet pas d'apporter des réponses, on finit par répéter les mêmes patterns au travail, en amitié ou en amour. C'est ainsi que des schémas dysfonctionnels se perpétuent, voire s'amplifient, pour devenir des symptômes que le patient lui-même ne parvient pas à attribuer aux situations qu'il crée. Dans ce genre de cas, le travail thérapeutique consiste, d'une part, à faire récupérer à la mère sa propre histoire et, d'autre part, à libérer l'enfant du poids du passé. Le récit devra idéalement être élaboré suffisamment en séance individuelle avec la maman pour que l'explication puisse avoir ensuite lieu avec la fillette. Le travail du psychologue aidera à rendre intelligible et abordable le récit traumatique pour que l'enfant comprenne, dans l'objectif de réduire l'appropriation de la peur en dissociant les deux histoires, celle de la mère et celle de l'enfant. C'est un exercice de libération mutuelle très fort qui aura pour objectif de permettre à la mère de faire un travail sur son histoire traumatique, et à sa fille de grandir et de vivre sa vie sans porter le poids du transgénérationnel.

Les processus de sélection et d'amplification du philosophe Guy Ausloos [80]

Lorsque l'on s'intéresse à l'histoire que relate et explique un patient, les symptômes dont il parle sont une source d'information majeure, une voie de compréhension privilégiée. À cela s'ajoute sa place dans la famille, les obligations et rôles de chacun, la fonction au sein du système. Le système familial est à concevoir comme la pièce de théâtre dans laquelle nous jouons. *Alors, que montre la posture que nous adoptons ? Quelles règles respectons-nous ? Qu'attend-on de nous ?* Le poids des messages que nous portons informe sur la charge de notre histoire, certes, mais aussi sur le fonctionnement du système auquel nous appartenons. C'est une voie pour donner du sens, formuler des hypothèses. D'après Guy Ausloos, le symptôme réside dans l'inadéquation de ce que veut devenir un sujet et ce que voudrait pour lui sa famille : il y a donc un patient « désigné » dans la famille, celui qui porte le problème, le symptôme d'un malaise et qui serait en quelque sorte le responsable du dysfonctionnement familial tout entier. Il serait la cause. En réalité, le patient « désigné » est l'arbre qui cache la forêt. Il est celui qui ne supporte plus le poids de l'histoire que son propre système n'accepte ou n'arrive pas à percevoir. Parce qu'il est, contre son gré, le porte-flambeau d'une souffrance qui ne souhaite pas être mise en lumière par le reste de la famille, le « désigné » sera privilégié pour être le responsable des maux de sa lignée. Il sera celui qui donne du sens au problème systémique, qui occasionne le conflit, qui altère le fonctionnement. Tout cela ne servant qu'à ceux qui ne veulent pas dire, pas savoir. **L'un est sacrifié pour le bénéfice de la majorité, c'est le processus de « sélection et d'amplification »** théorisé par le philosophe Guy Ausloos. Par exemple, si un adolescent ressent le besoin de s'isoler dans sa chambre pour mille et une raisons qui lui sont légitimes à son âge, mais que ses proches assimilent son comportement à quelque chose d'inquiétant, voire de pathologique, l'adolescent va devenir un réel enjeu familial : le « désigné » (c'est lui qui a un problème). L'entourage va finir par renforcer le comportement du jeune en le stigmatisant, le rendant problématique pour le groupe (à force de lui faire croire qu'il a un problème, l'adolescent va s'isoler encore plus). Le processus va se cristalliser et le symptôme, qui n'était à la base qu'un besoin d'aller un peu dans sa chambre, va organiser toute la famille et occuper deux fonctions : créer des conflits familiaux du point de vue des parents et laisser croire à l'adolescent qu'il est/a un problème. Mais soulignons que, si le système, s'il est capable de contribuer à l'émergence d'un symptôme, peut aussi, fort heureusement, pouvoir le faire disparaître en se penchant réellement sur la problématique familiale et en arrêtant de chercher un responsable censé porter tout ce qui n'est pas révélé du malaise transgénérationnel.

ILLUSTRATION CLINIQUE

Il s'agit d'une famille composée de deux parents quinquagénaires et de leurs quatre enfants, deux filles de 24 et 22 ans et deux garçons de 20 et 14 ans. Les deux aînées souffrent de troubles du comportement alimentaire sévères, mais la seconde, Hortense, présente un risque suicidaire. C'est pour elle que la famille consulte, c'est la patiente « désignée ». Hortense embrasse pleinement ce rôle. Elle se présente aux séances de thérapie familiale en noir intégral, adoptant des postures mettant en lumière son extrême maigreur. En parallèle de ce côté dramatique, elle a souvent un skate à la main ou des écouteurs autour du cou. Façon de témoigner d'une forme de désinvolture rendant dérisoire la situation. Elle focalise l'attention, un vrai rempart pour le reste de la famille. À mesure de la thérapie, les enfants dénonceront le problème d'alcool de leur père et les conflits incessants entre leurs parents.

La mère de famille dit être à bout, tout comme les deux fils. Elle craque face au malaise psychologique qui semble toucher tout le système.
L'ambiance en séance est étouffante, et il existe de grandes tensions entre chacun. Les explosions verbales se succèdent. Les reproches fusent. Les quatre adolescents finissent par demander leur indépendance, ils veulent tous quitter la maison. La mère les soutient contre l'avis du père, ce qui crée davantage de disputes. Paradoxalement, les enfants ne montrent aucun signe convaincant quant à leur capacité à être autonomes. Ils volent de l'argent dans le sac de leur mère, fument des joints, ne travaillent pas à côté de leurs études et ne participent pas aux tâches ménagères. À croire qu'ils font tout pour montrer à leurs parents qu'ils sont incapables de se prendre en charge ! La mère aussi témoigne d'une attitude très ambivalente. Elle pousse ses enfants à partir pour vivre leur vie, mais verbalise clairement qu'elle ne pourra pas « survivre sans eux » face à leur père dont elle a peur. Les adolescents interprètent ces mots comme une appréhension de leurs parents de les perdre et de les voir grandir, mais ce qu'ils ne disent pas, c'est qu'eux aussi ont peur de s'éloigner.
Au cours de la thérapie, Hortense sera hospitalisée. Elle s'échappera régulièrement du service de psychiatrie pour retourner à la maison faire des crises de boulimie. La distance n'est pas tolérée dans cette famille.
Les rencontres se poursuivent et l'on apprend que le père a dû être placé en foyer très jeune, car sa mère, qui souffrait de graves problèmes psychiatriques, ne pouvait plus s'occuper de lui. La mère a une histoire abandonnique similaire, puisqu'elle a été élevée essentiellement par

> une nourrice qu'elle a aimée comme sa propre mère et qui sera congédiée du jour au lendemain le jour de ses 10 ans, la propulsant dans un sentiment de désert affectif immense. Les deux futurs parents grandiront dans la croyance commune que la séparation est synonyme de danger et de désespoir effroyable dont on ne ressort pas indemne. Un départ est un abandon, alors comment permettre à leurs enfants de gagner en autonomie sans risquer de les perdre et de se perdre soi-même ?

On comprend ici comment les traumatismes des deux parents (sevrages affectifs brutaux), bien que non verbalisés auprès de leurs enfants, viennent empêcher leur prise d'indépendance (mise en échec par leurs comportements ou leur santé). Sans bien comprendre ce qui se joue, les quatre adolescents perçoivent que, pour leurs parents, toute séparation est une menace qui les ébranlera gravement. Ils « s'arrangent » donc pour leur épargner cette souffrance en créant des situations qui ne leur permettent pas de s'en aller. Dans cette problématique appelée « *Leaving Home* » et décrite par le pionnier de la thérapie familiale Jay Haley, nous appréhendons comment une corde sensible s'active à chaque menace d'éloignement, rendant la tentative de séparation complexe (mécanisme de sélection/d'amplification) [81]. Mais, dans le cas de cette famille, la difficulté s'aggrave au point d'amener chez les adolescents des symptômes graves. Dit autrement, pour éviter à leurs parents une angoisse de séparation, les enfants « offrent » un prétexte démontrant qu'ils sont incapables de prendre leur envol et de vivre leur vie. Ainsi, la cohésion familiale est maintenue et les parents sont préservés de se confronter à leur passé douloureux. **Le système familial se cristallise au**

prix d'une pathologisation des enfants, recueils involontaires de l'histoire des générations antérieures.

La « clinique du fantôme » de Nicolas Abraham et Maria Torok revisitée par Serge Tisseron [82]

Comme l'explique Serge Tisseron, psychiatre français, au Moyen Âge, on distinguait les « revenants » des « fantômes ». Les premiers sont des morts qui reviennent hanter les vivants qu'ils ont bien connus, et avec qui ils ont eu des histoires non résolues. Les « fantômes », quant à eux, désignent aussi des défunts qui apparaissent pour hanter des vivants, mais des vivants qui ne les connaissent pas. Donc, si le revenant est reconnaissable par le vivant auquel il rend visite, le fantôme ne l'est pas. Dans leur ouvrage, *L'Écorce et le Noyau*, Nicolas Abraham et Maria Torok appliquent les notions de « fantômes » et de « revenants » à la psychologie [83]. Ils expliquent que **lorsqu'une personne a vécu des événements traumatisants dans le passé, qu'elle essaye d'oublier, il arrive qu'elle soit hantée par des souvenirs traumatiques, que ce soit sous forme d'idées obsédantes, de flashbacks, de cauchemars.** Les auteurs disent qu'elle est hantée par un « revenant » puisqu'elle sait que ses angoisses sont liées à un événement de son histoire qu'elle reconnaît. **Il suffit que la personne se trouve dans une situation qui lui rappelle la scène traumatique pour que le « revenant » soit réveillé et vienne la visiter.** Une multitude de choses, même anodines, peuvent déclencher le réveil du « revenant », un lieu, une odeur, une voix. Prenons l'exemple d'une femme abusée sexuellement dans son enfance par son père. Plusieurs décennies plus tard, elle regarde un film à la télévision avec, à ses côtés, sur le canapé, sa fille de 11 ans. Survient une scène, anodine pour un spectateur ordinaire, où un père porte sa fille pour l'asseoir sur ses genoux. Cette scène rappelle immédiatement, à la mère de famille, les prémices des épisodes d'inceste avec son père. Alors, que se passe-t-il pour sa fille, assise près d'elle, qui ignore tout du secret de sa mère ? Elle sent soudainement sa mère dans la tourmente, son attitude se modifie, elle semble émue, perdue, ailleurs. Dans cette situation de retour violent de ce qui a été refoulé par un parent pendant tant d'années, l'enfant peut, dans le meilleur des cas, le questionner pour tenter de comprendre ce qu'il se passe, mais il sera souvent confronté à l'incapacité de son parent à verbaliser. Alors, il se tait. Il respecte le silence, l'effroi dont il est témoin impuissant. Si le parent ne parle pas, c'est, en partie, parce qu'il souhaite protéger son enfant d'une charge émotionnelle qu'il imagine trop lourde pour lui. C'est une chose logique, vu qu'il a lui-même, enfant, été submergé par le traumatisme. Mais, aujourd'hui, des années plus tard, **l'enfant a du mal à décrypter son comportement et à se représenter ce qui arrive à son parent bloqué dans les non-dits. De son point de vue, tout est insaisissable et flou, comme le contour d'un « fantôme »**. Il a affaire à une énigme, à une zone obscure de l'histoire qu'il ne peut saisir, mais qui l'attire comme un secret interdit d'approche. Il essaye alors tant bien que mal de se faire une représentation personnelle de cette ombre, dans le but de rendre intelligible le monde intérieur de sa mère, vu la censure posée plus ou moins explicitement. **Parfois, pour comprendre, l'enfant est amené à réagir comme son parent pour tenter de découvrir le secret.** Le « fantôme » oriente alors les goûts, les comportements et les réactions de l'enfant jusqu'à l'âge adulte. Même s'il ne se souvient pas précisément de la situation qui a convoqué le « fantôme », l'enfant a intégré, digéré, le secret de son parent, car le secret suinte par tous les pores de la peau de son parent. Cela n'a rien de magique, le traumatisme se diffuse de génération en génération sans dire un seul mot.

ILLUSTRATION CLINIQUE

Félicien, 44 ans, sort de cinq années de prison pour inceste sur sa fille de 7 ans. Il est en liberté conditionnelle et contraint à un suivi psychologique par le biais d'un groupe de parole pour auteurs d'infractions à caractère sexuel. Félicien évoque d'emblée une enfance empreinte d'une grande froideur affective avec une mère très peu à l'écoute, souvent humiliante et violente verbalement, et un père dans sa bulle, incapable de réguler les sautes d'humeur de sa femme. Bref, un climat familial fait de brimades, d'avilissement, sans bienveillance ni attention. Une fois ce cadre posé, Félicien ne parvient pas à déchiffrer son passage à l'acte. Il ne comprend pas pourquoi il a été condamné ni pourquoi il a « dérapé ». Il n'a pourtant pas été lui-même victime d'abus sexuels, contrairement aux autres membres du groupe de parole. Lorsqu'il aborde le sujet de la sexualité, il se rappelle la haine de sa mère envers le sexe masculin et des moments d'humiliation extrême où elle se moquait de son sexe d'homme. De ses souvenirs lui reviennent son besoin de vengeance face à un sentiment d'impuissance insupportable, la haine de sa mère à l'égard de son père, les secrets de famille, son grand-père mourant à l'hôpital que sa mère ne voulait pas voir une dernière fois. Le « fantôme » apparaît doucement. Félicien se plaint souvent d'injustice. Il finit par reconnaître être coupable de « faits graves » envers sa fille, mais estime n'être pas seul responsable. Sa mère le maltraitait, mais elle n'a jamais été mise en cause. Sa femme était au courant qu'il se passait des choses avec leur fille, mais n'a jamais été inquiétée non plus. Alors, pourquoi est-il

le seul à devoir payer et à faire de la prison ? À être traité comme un moins-que-rien, un sale pédophile ?
Plus tard dans le suivi, Félicien témoigne avoir parlé à sa mère qui lui a confié un lourd secret. Lorsqu'elle était jeune, son père voulait la prostituer. Il avait pour projet d'ouvrir une maison de passe et de la faire travailler avec ses sœurs. Le projet ne s'est heureusement pas concrétisé, leur épargnant le pire, même si le père « imposa des conduites déplacées à ses filles sur le plan sexuel », selon les termes timorés de sa mère. Quoi qu'il en soit, par cette seule idée d'avoir voulu prostituer ses enfants, le grand-père de Félicien faisait intrusion dans la sexualité de ses filles. C'était à tout le moins un comportement incestuel. Apprendre ce secret traumatique par sa mère a permis de donner du sens et de comprendre, enfin, pourquoi il avait agressé sexuellement sa propre fille. Félicien a agi malgré lui à la suite du vécu de sa mère, il a répété le schéma sans savoir. Il a été le père de sa mère, le bourreau deux générations plus tard. Ce passé resté dans l'ombre a teinté de haine le rapport de la mère de Félicien aux hommes, et celui-ci a grandi avec le « revenant » de sa mère. Il y a eu transmission d'une énigme concernant la sexualité et d'un interdit d'aborder ce sujet. Si l'inceste de la génération précédente avait pu être mis en mots, l'inceste de la génération actuelle aurait probablement été évité. En tout cas, la question se pose légitimement. L'essentiel reste cette prise de conscience possible permettant à Félicien de cesser d'être le complice d'une culture familiale du non-dit qui condamne au silence et permet au pire de se perpétuer.

Cet exemple illustre la transmission de la souffrance par méconnaissance de la réalité et la façon dont on peut agir sans la comprendre parce que l'on répète une histoire cachée, un vécu traumatique refoulé. Matteo Selvini, psychothérapeute familial italien, publie en 1995 un article étudiant l'impact des non-dits familiaux sur les générations suivantes [84]. Il explique notamment combien la minimisation de la souffrance, si elle a été pour la génération qui a vécu le traumatisme une manière de survivre, devient un piège pour la génération suivante. Selon lui, minorer la douleur dans l'histoire d'un parent est un facteur de risque de souffrance psychique, voire de pathologie psychiatrique. Cette négation de la peine durant l'enfance, Matteo Selvini va l'appeler « méconnaissance de la réalité ». Dans leurs discours, ces parents meurtris cachent leur souffrance d'enfant, voire idéalisent leur passé. Ils racontent une version romancée, ou ils ne racontent rien. **Le non-verbal exhale une souffrance encore à vif que leurs enfants perçoivent d'une façon ou d'une autre, mais ils ne la comprennent pas. Ils ne savent pas quoi penser, mais ils sentent des choses justes qui ne sont pas validées. Les enfants ont en quelque sorte affaire à un malaise sans visage, un « fantôme » que leurs parents taisent.** Comme les parents méconnaissent leur propre souffrance, ils ne sont pas enclins à voir celle de leurs aînés. Il ne s'agit pas d'un processus conscient ou d'un mensonge organisé. Ces parents ont besoin de se voiler la face pour avancer, mais l'addition est lourde pour la génération suivante. Les enfants portent le trauma sans mots, sans visage de leurs parents.

Lorsqu'une génération jette un voile sur un traumatisme, la génération suivante en hérite. Des études américaines en psychologie de l'enfant montrent que les mères ayant eu une enfance traumatique ont des enfants insécures, qui ne se sentent pas en sécurité [85]. L'enfant peut néanmoins se développer dans la confiance si la mère, malgré son histoire douloureuse, est capable d'en faire un récit clair et cohérent à son enfant. Pour y arriver, elle doit se pencher sur son passé et ne pas s'en détourner pour fournir un récit qui a du sens et qui pose les bons mots. Ce que nous avons appris du transgénérationnel est l'intérêt majeur d'apprendre à se raconter pour délivrer un récit de vie vraie pour le bien-être des générations à venir. **À la question : doit-on parler ou non d'un passé douloureux à ses enfants ? La réponse est que parler, éventuellement avec l'aide d'un psychologue, est un facteur protecteur d'une transmission traumatique conditionnant le comportement, les décisions, la santé même des générations suivantes.** La présence d'un thérapeute peut aider à contenir et à cadrer la diffusion de l'information pour qu'il s'agisse d'un témoignage, et non d'une révélation qui ferait l'effet d'une bombe. L'assimilation, puis l'élaboration pourront se faire progressivement. L'événement traumatique reprendra sa place dans le temps sans avoir à s'inscrire et à déborder sur l'histoire des enfants, il ne sera plus isolé, planant au-dessus d'une famille comme une ombre au travers des années. **Plus encore que les traumatismes, ce sont les secrets, les non-dits, les dissimulations de la réalité qui sont pathogènes pour les générations suivantes.**

III

Qu'est-ce que le conditionnement ?

> Nous ne savons plus appréhender certains événements, car nous avons été parfaitement conditionnés à percevoir les choses uniquement d'une certaine manière.
>
> Bernard Werber, écrivain français

Nous voici suffisamment aguerris pour comprendre les leviers du conditionnement psychologique. Les philosophes nous ont enseigné leur sagesse, la science nous a éclairés sur nos fonctionnements cérébraux et la psychologie, sur les émotions et l'apprentissage. Plongeons à présent dans les rouages de ce qui nous formate pour apprendre à déjouer ses programmations.

Le conditionnement pavlovien

Ivan Petrovich Pavlov est un physiologiste russe et prix Nobel de médecine en 1904. En 1927, il publie des articles qui le rendront célèbre sur le conditionnement salivaire, réflexe du chien. De ces études, qui s'intéressent aux résultats d'un apprentissage dû à l'association entre un stimulus de l'environnement et les réactions de l'organisme, naîtra le terme de « conditionnement pavlovien » [86]. **Les découvertes de Pavlov permettront aussi, a posteriori, de comprendre comment l'apprentissage par conditionnement serait la cause de nombreuses phobies.**

Dans l'expérience princeps datant de 1903, il s'agit de faire sonner une clochette juste avant de présenter de la nourriture à des chiens. Le scientifique et ses équipes prédisent que les chiens saliveront en réponse à l'aliment qui leur sera offert. Mais, après plusieurs répétitions de tintement de cloche, les chercheurs se rendent compte de ce que les canidés commencent à saliver même sans apport alimentaire. Les chiens ont donc appris à associer l'alimentation à la stimulation sonore, déclenchant ainsi le comportement de salivation [87].

Dans l'étude, la nourriture est un « stimulus inconditionnel » (SI) : elle active une réponse comportementale sans entraînement préalable ; la réponse de salivation provoquée par le SI est une « réponse inconditionnelle » (RI) : elle est provoquée par un stimulus inconditionnel sans entraînement préalable ; le son de la clochette est un exemple de « stimulus conditionnel » (SC) : il est en mesure de susciter une réponse après avoir été associé à un SI ; enfin, la réponse de salivation des chiens déclenchée par la cloche est appelée « réponse conditionnelle » (RC) : elle est induite par un SC.

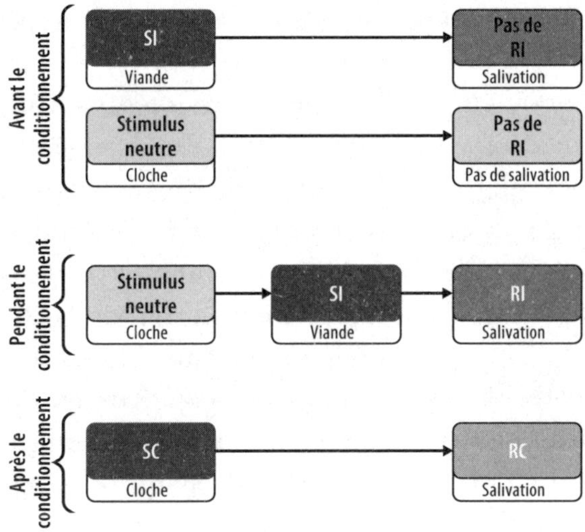

Le conditionnement pavlovien peut donc ainsi être résumé : un stimulus qui, à la base, ne provoque pas de réponse spécifique (la clochette) acquiert de telles compétences s'il est associé de façon cohérente à un stimulus qui provoque cette réponse (la nourriture). La force du conditionnement (l'association des deux stimuli, la viande et la cloche) est essentiellement établie par l'intensité de la réponse (la salivation), donc plus la salivation est importante, plus le conditionnement est puissant. Alors, combien de temps ce formatage reste-t-il effectif une fois que la RC émerge à la suite de l'association SC+SI ? Pavlov explique qu'au bout d'un certain temps la présentation seule du SC finit par engager ce qu'il a nommé une « procédure d'extinction ». L'intensité de la réponse conditionnelle va décliner jusqu'à disparaître. Ainsi, dans l'expérience initiale, la salivation s'éteindra progressivement si le son de la clochette n'est plus apparié à la nourriture [88]. En revanche, si l'on réintroduit le SC, même après un certain délai depuis l'extinction, on observera une résurgence de la RC de salivation. On parle de récupération

> Étudiez, expérimentez, observez, essayez de ne pas rester à la surface des faits. Ne devenez pas archivistes des faits, mais essayez de percer le secret de son origine. Recherchez avec ténacité les lois qui les régissent.
>
> Ivan Pavlov, médecin et physiologiste russe, prix Nobel en 1904

spontanée. Cela montre que, malgré une disparition du comportement, le conditionnement ne disparaît pas, mais plutôt il ne s'exprime plus [89]. Ces phénomènes d'extinction et de recouvrement nous éclairent sur la prise en charge des phobies, notamment. L'extinction de la RC (la peur phobique) est un outil essentiel dans le traitement, à condition que le risque de récupération du symptôme soit également pris en charge.

POUR ALLER PLUS LOIN

1961 : étude sur l'activation physiologique de la peur [90]

Nous avons tous déjà connu des réactions physiologiques qui se manifestent lors de situations stressantes ou inconnues que l'on appréhende. Bouche sèche, transpiration, augmentation des battements cardiaques, tension musculaire, cette série de sensations désagréables est en réalité une préparation de notre organisme à des situations inconfortables et nouvelles. Elles traduisent la suractivation de notre corps qui s'apprête à supporter l'inconnu. Dans leur étude datant de 1961, les chercheurs Jones et Champion ont mesuré l'activation physiologique du corps de participants par réponse électrodermale, c'est-à-dire grâce aux changements des propriétés électriques de la peau qui se produisent lors des interactions entre l'environnement et l'état psychologique d'un individu. Ils ont démontré que l'activation physiologique de peur a pu être provoquée par un simple son (SC), après que celui-ci a été un temps (celui nécessaire au conditionnement) associé à un choc électrique (SI). Autrement dit, après l'arrêt des chocs électriques, les participants ont continué d'avoir des réactions de peur à la seule écoute du son. Si l'on prend l'exemple d'une phobie des transports, une personne qui aurait vécu un événement choquant au moment du retentissement de la sonnerie de fermeture des portes de son tramway pourra continuer d'avoir peur lors d'un autre voyage uniquement en entendant ce bruit.

1978 : étude sur le dégoût gustatif acquis [91]

L'aversion alimentaire acquise se manifeste lorsque l'ingestion d'un aliment nouveau est suivie d'un malaise digestif. Ainsi, une saveur qui à la base induit une réponse de plaisir provoque, à la suite d'un malaise, une réaction aversive. C'est un phénomène bien connu chez l'humain et qui a déjà été expérimenté par le commun des mortels un jour ou l'autre, sans être forcément identifié comme tel. Prenons l'exemple d'un enfant qui goûte à du chocolat pour la première fois jusqu'à en faire une indigestion. Il développera par la suite une puissante aversion pour cette saveur, qu'il assimilera comme la source de sa peine (sans tenir compte de la quantité absorbée). Cette aversion pourra se maintenir sur une longue période, sinon toute la vie. Le même exemple peut être décrit avec le jeune adulte qui consommerait à l'excès de l'alcool fort jusqu'à s'en rendre malade. De nombreux cas de dégoûts gustatifs acquis, liés à des traitements de chimiothérapie, ont été décrits. Partant de ces découvertes sur le dégoût gustatif acquis, des chercheurs ont proposé une application de l'aversion alimentaire induite en élevage afin de limiter la prédation. Si un éleveur de moutons laisse à l'orée du bois une carcasse de l'une des bêtes de son cheptel traité au chlorure de lithium, il créera chez le coyote ou le loup qui s'en nourrit un très profond malaise. Cette aversion acquise pour le mouton suffira au prédateur d'éviter cette proie à l'avenir. Le dégoût gustatif acquis est un type de conditionnement qui, contrairement au conditionnement pavlovien, ne demande pas de répétitions.

1920 : étude (très controversée) d'une création de phobie chez l'enfant [92]

L'expérience la plus célèbre et la plus controversée de John Broadus Watson fut l'expérience dite « du petit Albert », mise au point avec son assistante Rosalie Rayner. L'expérience avait pour but de conditionner un bébé à avoir peur d'un rat blanc, qu'il ne craignait pas du tout au préalable. Pour ce faire, il a repris la théorie du conditionnement d'Ivan Pavlov issue de ses études sur les animaux. La méthode était la suivante : Watson présente le rat au petit Albert, et chaque fois que l'enfant le touche pour le caresser, l'expert produit un son violent qui effraie l'enfant. Au bout de quelques répétitions, le petit Albert finit par manifester de la peur en voyant le rat s'approcher de lui, il pleure et se met à trembler, puis tente de s'enfuir. Il a associé très rapidement le rat au bruit effrayant. Les expérimentateurs ont pu également constater que ce conditionnement s'était

généralisé à d'autres animaux de petite taille (lapin, chat, chien...) ressemblant au rat par le gabarit ou la fourrure. Watson a ainsi pu prouver que le conditionnement psychologique pavlovien, qui n'était observé que chez les animaux jusqu'alors, pouvait également s'appliquer aux humains. L'histoire raconte que Watson n'a pas pu tenter de déconditionner le petit Albert comme il en avait l'intention, car l'enfant fut retiré par sa mère avant la fin de l'expérience... En revanche, Watson et ses collaborateurs sont parvenus plus tard à inverser la phobie des lapins chez un enfant de 3 ans prénommé Peter. Ils ont pu le déconditionner (après avoir induit au préalable cette phobie), en associant le lapin à des sensations agréables (boire du lait et manger des biscuits tout en jouant avec l'animal). En quelques jours, les chercheurs ont pu déconditionner l'enfant.
L'expérience du petit Albert, largement décriée, a conduit à mener des réflexions éthiques sur les études expérimentales sur les enfants et les animaux.

S'il est intéressant de comprendre le conditionnement pavlovien, c'est qu'il nous révèle d'abord que l'humain (et l'animal) est capable de s'adapter à son environnement primitivement pour favoriser la survie de son espèce. Nous apprenons à identifier des stimuli comme prédictifs d'événements qui nous sont plus ou moins favorables. Si l'exemple de l'expérience du dégoût gustatif est un parfait modèle de conditionnement qui permet de se protéger d'un danger en ingérant une substance toxique, d'autres conditionnements peuvent nous inhiber en nous empêchant d'avancer. Imaginez être conditionné à avoir peur à chaque fois que vous tentez quelque chose, comment réussirez-vous, adulte, à prendre des décisions... ?

Le conditionnement opérant

Le deuxième type d'apprentissage est **le conditionnement dit opérant**, formalisé par le psychologue américain disciple de Pavlov, Burrhus Frederic Skinner. Il est l'inventeur de la fameuse « boîte de Skinner », permettant de contrôler les conditions expérimentales qu'il étudie.

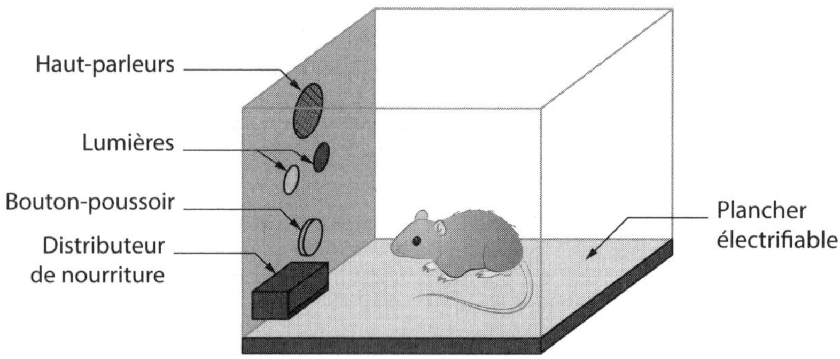

Lors du pattern comportemental de base, le rat appuie sur un bouton poussoir. Chaque appui correspond à une réponse : une distribution de nourriture. Le rat apprend donc que plus il exerce une pression sur le bouton, plus il est récompensé. Rapidement, les chercheurs observent une augmentation de la fréquence d'apparition du comportement, on parle de conditionnement opérant, conditionnement différencié du schéma de conditionnement pavlovien. Le terme « opérant » met l'accent sur le caractère actif de l'apprentissage par le sujet, qu'il soit humain ou animal. Ici, le conditionnement opère un changement sur l'environnement puisqu'il augmente, donc modifie, ses conséquences positives.

Pour apprendre à distinguer un conditionnement opérant du pavlovien, voici quelques exemples [93] :

- Les comportements opérants sont engagés par l'organisme, contrairement au conditionnement pavlovien qui est provoqué par un stimulus toujours présent lors de la production de la réponse comportementale (cloche = salivation, sonnerie = réponse physiologique de peur...).
- **Les comportements opérants, une fois appris, se reproduisent ou non en fonction de leurs conséquences plus ou moins positives. À l'inverse, le comportement pavlovien est réactionnel et induit.** Par exemple, nous appuyons sur l'interrupteur parce que cela a pour conséquence d'éclairer la pièce. En revanche, nous cesserons d'appuyer sur un bouton s'il ne sert à rien ou s'il nous envoie une décharge électrique.
- L'apprentissage sur un mode opérant permet la création de comportements nouveaux beaucoup plus variés. Avec le temps, les réponses langagières, motrices et émotionnelles se multiplient dans le but de comprendre, de s'adapter et de résoudre un problème lié à l'environnement. Le conditionnement pavlovien, lui, répond à un stimulus sans tenir compte de la situation (j'entends une sonnerie qui me déclenche un sentiment de peur, mais suis-je réellement en danger ?), là où une réponse opérante peut se modifier en fonction des conséquences ou des bénéfices.

Autrement dit, **le conditionnement opérant évolue en fonction des conséquences. L'idée derrière ce concept est que la fréquence d'apparition de nos comportements est conditionnée par leurs conséquences. Il s'agit de notre tendance à reproduire les comportements ayant des conséquences positives et, inversement, à abandonner les conduites qui engendrent des situations désagréables.** Cette loi peut paraître évidente aujourd'hui, mais, à l'époque des premières découvertes, ce sujet était une grande avancée en psychologie. Un comportement peut donc être « renforcé », c'est-à-dire que nous serons à même de le reproduire à l'avenir de façon pérenne, ou alors « inhibé », ce qui veut dire que nous ne reproduirons pas le comportement dans le futur. La terminologie de Skinner nomme : « procédure de renforcement » un comportement positif que nous allons répéter, et « procédure de punition » un comportement amené à diminuer en fréquence (notons que les termes de renforcement et de punition n'ont aucune connotation morale) [94].

À la suite de ses études, Skinner fera la critique de l'enseignement pédagogique de son époque. Ses travaux en psychologie du comportement soulèvent l'importance d'un renforcement pour l'apprentissage. D'après lui, ce renforcement s'avère fondamental, il ira même jusqu'à proposer de réformer l'école en partant de ses résultats sur le conditionnement opérant.

EN BREF

La contribution théorique majeure de Skinner à la psychologie est le concept de conditionnement opérant, qu'il distingue du conditionnement classique pavlovien. Chacune de nos actions produit des changements, c'est ce qui rend ces comportements opérants. **On dit qu'un comportement est renforcé lorsque, dans l'avenir, il se produit plus souvent : on parle de procédure de renforcement. Il existe du renforcement positif et du renforcement négatif.**

Mais lorsque la conséquence d'un comportement conduit à une baisse de fréquence d'apparition de celui-ci : on parle de procédure de punition. Comme pour le renforcement, il existe des procédures de punition positive et des procédures de punition négative.

Dans les deux cas, renforcement ou punition, le terme « positif » signifie qu'un stimulus est ajouté ou réalisé lors d'une situation. Le terme « négatif » explique qu'un stimulus est supprimé ou stoppé après un comportement [95]. L'apprentissage skinnerien repose donc sur deux éléments, le renforcement et la punition, pouvant chacun être soit positif, soit négatif (répétons que ce que l'on nomme ici « punition » n'a rien à voir avec l'action de punir au sens d'infliger un châtiment).

1. Procédure de renforcement

Le renforcement positif : le renforcement est positif lorsqu'un stimulus s'ajoute à une situation et augmente la probabilité d'émission du comportement lié. Par exemple, si un bébé dans son lit comprend qu'en bougeant ses pieds il réussit à faire tourner le mobile accroché aux barreaux, l'enfant sera renforcé positivement, il reproduira son comportement.

Le renforcement négatif : à l'inverse, un renforcement négatif implique que la disparation du stimulus rende le comportement davantage favorable. Par exemple, si je travaille dans un *open space*, mais qu'une partie de l'équipe fête un départ, alors que je dois me concentrer sur ma présentation de demain, je peux décider de mettre des bouchons d'oreilles. Si, à chaque situation similaire, j'ai le réflexe de remettre des bouchons d'oreilles, alors il y a bien une procédure de renforcement (augmentation de la fréquence du comportement). Ce renforcement est dit négatif, car il supprime un stimulus : le bruit de la fête.

2. Procédure de punition

La punition positive : la punition est positive lorsque le stimulus présent à la suite du comportement engendre la diminution, voire l'arrêt de cette action. Par exemple, si je lave mon pull en laine avec le reste de mon linge et qu'il ressort de la machine minuscule (le stimulus), la probabilité que je mélange de nouveau la laine avec le coton (le comportement) sera très faible, surtout si la conséquence est que je ne rentre plus dedans.

La punition négative : la punition est négative quand le stimulus est supprimé et que cette suppression amène la baisse d'émission du comportement. Le stimulus joue le rôle de renforçateur, on parle de stimulus de renforcement. Par exemple, si je décide de retirer le Smartphone à ma fille, car ses résultats scolaires sont en baisse (le stimulus) et que j'observe une augmentation de ses notes peu de temps après (le comportement), on peut conclure qu'il s'agit bien d'une procédure de punition négative.

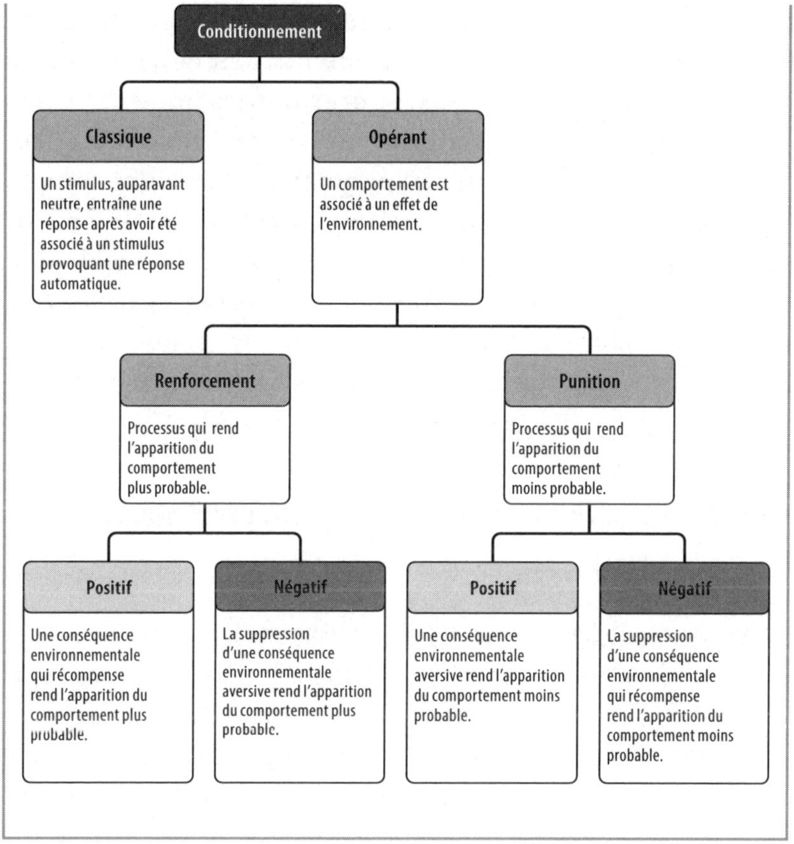

Les travaux de Pavlov et Skinner nous enseignent que le conditionnement est une procédure d'apprentissage. Ivan Pavlov, avec son étude sur les chiens, le décrit comme une technique permettant à un stimulus neutre d'induire une réponse réflexe (le son d'une cloche fait saliver, le bruit des portes du métro déclenche de la peur...). Dans le conditionnement skinnerien, ce sont les conséquences positives (le bébé réussit à faire bouger son mobile musical avec son pied) ou négatives (mon pull a rétréci) d'un comportement qui, en retour, entraînent l'augmentation

> L'homme est en permanence conditionné par autrui. Tant qu'il se croit heureux, il ne remet pas en cause ce conditionnement.
>
> Bernard Werber, écrivain français

ou la diminution de la fréquence du comportement. **Ces conséquences nous apprennent à modifier nos actions et nos choix de manière effective et permettent de rendre compte des phénomènes comme l'apprentissage et la résolution de problèmes. La théorie de Skinner aura permis d'expliquer comment nous acquérons une grande partie de l'éventail des comportements que nous adoptons chaque jour.**

Tout comprendre sur le conditionnement psychologique

LES ANNÉES PASSENT...

Ma mère est alcoolique et dépressive depuis toujours, raconte Perrine, 17 ans. Pour le moment, tout va bien au lycée pour moi. Je réussis en cours et j'ai beaucoup d'amis. Les « seules » répercussions sur ma vie sont ma crainte de rencontrer des difficultés et de ne pas savoir les gérer autrement que par une addiction. C'est ma pire peur, devenir alcoolique ou droguée ! Je crains que tout ce que j'ai vécu pendant l'enfance à la maison ne me retombe dessus comme une malédiction : on va mal, alors on boit ! Pour lutter contre ça, je passe mon temps à dépasser mes limites et à essayer de tout maîtriser. Ma peur du mal me fait en fin de compte du mal.

LES ANNÉES PASSENT...

Mon père et mon grand-père, avant lui, ont toujours été des hommes soumis et passifs, déplore Marc. Je ne connais pas du tout l'histoire de ma famille paternelle, je ne sais pas d'où vient ce caractère, car personne ne parle. Ma mère n'a cessé de le porter à bout de bras. Elle a fini par lui en faire le reproche à longueur de temps, puis à prendre toutes les décisions familiales seule. Avec le temps, elle est devenue autoritaire et agressive à mesure que mon père se renfermait. Petit déjà, je ne souhaitais pas lui ressembler. Mais, aujourd'hui, je lutte difficilement contre la timidité et la même faiblesse que lui. C'est comme plus fort que moi, comme si je n'avais appris qu'à réagir comme lui, par le silence. J'aimerais comprendre, car il y a quelque chose que je ne maîtrise pas et qui m'empêche de rencontrer de bonnes personnes. On me parle mal, on me donne trop souvent des ordres, je me sens soumis.

LES ANNÉES PASSENT...

Depuis toute petite, j'ai entendu des cris et des disputes à la maison. Mon père était violent physiquement. J'observais, impuissante, ma mère qui ne semblait pas réagir, se rappelle Monique, 56 ans. Je l'écoutais pleurer dans la chambre après chaque crise, sans jamais la voir agir ou changer quoi que ce soit de notre quotidien. Chaque matin, nous nous levions avec mes frères, et c'était comme si les événements de la veille avaient été effacés par magie. Nous prenions le petit déjeuner en parlant de la pluie et du beau temps au milieu des non-dits. Une fois adulte, j'ai d'abord imité mon père. J'ai sombré dans des drogues qui me rendaient hyperviolente. Puis je suis devenue un peu ma mère en épousant un homme avec lequel je me disputais constamment. Je ne protégeais pas mes enfants. Dans ces situations de fureur extrême, je ne me suis pas rappelé une seule seconde à quel point j'aurais aimé qu'on me protège, étant jeune. J'étais alternativement mes deux parents, un point c'est tout, et puisqu'on m'avait fait du mal, j'en faisais en retour, mécaniquement.

LES ANNÉES PASSENT...

J'aime mon fils de 6 ans plus que tout, mais je ne sais pas comment l'exprimer, confie Audrey. Je suis humiliante verbalement. Je lui reproche tout ce qu'il fait (pas assez bien, selon moi), ce qu'il ne fait pas (et qu'il devrait réussir à faire, encore selon moi). Je lui reproche même de s'endormir (quand il ne faut pas), même s'il est épuisé. Lui, il passe son temps à essayer de me faire plaisir, à chercher mon amour, ma reconnaissance. Je m'en rends compte. J'en pleure, rien que d'y penser. Ma propre mère me maltraitait psychologiquement, elle me rabaissait beaucoup. Mais, au lieu d'épargner cela à mon fils, apparemment, je le reproduis. Je le comprends, mais je ne peux pas m'en empêcher parce que je ne sais même pas parler autrement, en réalité. Souvent, je me dis que je ne mérite pas qu'il m'appelle maman. J'ai le sentiment que cette colère envers ma propre mère et mon enfance coule dans mes veines comme un venin. Je me demande si je saurai être différente.

LES ANNÉES PASSENT...

Je suis hospitalisé pour burn out dans un service de psychiatrie et je n'ai que 28 ans. Avant de sombrer, je n'avais pas pris conscience de la place que prenaient pour moi le travail et la réussite professionnelle. J'ai accepté un patron menaçant, des *deadlines* impossibles à gérer, des appels de ma hiérarchie soirs et week-ends. Petit à petit, j'ai arrêté de dormir. Mon moral a flanché. J'allais au travail tous les matins avec des douleurs abdominales atroces, je ne mangeais presque plus et je n'entendais pas les alertes de ma femme, très inquiète pour moi et le déni dans lequel j'étais. Aujourd'hui, j'ai encore du mal à comprendre ce qui m'arrive, d'ailleurs je mens à mes parents en leur cachant mon arrêt maladie. Mon père a quitté son pays natal pour nous donner un meilleur avenir, ici. Il nous a toujours répété s'être sacrifié pour nous et avoir tout perdu pour nous offrir une belle vie. J'ai le sentiment douloureux d'échouer là où lui s'est battu. J'ai honte, alors je n'accepte pas ma souffrance. C'est ce qui m'empêche d'aller mieux. Je n'arrive pas à prendre soin de moi, car ça me laisse croire que je suis faible, l'inverse de mon père. Pour moi, je dois reprendre ce travail au plus vite, même si c'est précisément ce travail qui m'a rendu malade.

Si vous lisez ce livre, c'est sûrement pour comprendre ce que cache cette notion de conditionnement et si elle vous évoque quelque chose. Alors, de quoi parle-t-on lorsque l'on évoque le conditionnement psychologique ? Nous savons observer nos comportements : nous nous levons le matin, nous accomplissons des tâches diverses, nous tournons les pages d'un ouvrage pour avancer dans nos lectures. Nous pensons évidemment : à nos projets, à ce que nous avons fait par le passé, à ce que peut ressentir l'autre et, bien sûr, nous ressentons des émotions : de la joie, de l'amertume, parfois de la tristesse ou encore de la colère. Tout cela s'observe par soi-même, par les autres, ce qui rend ces agissements compréhensibles. Du moins, nous parvenons à leur donner du sens. En revanche, ce que nous ne voyons pas forcément, ce qui naît au plus profond de nous sans que nous le sachions, ce sont les raisons profondes qui nous conduisent à nous lever chaque jour, ce qui anime notre soif de (re)connaissance, le regard que nous portons sur nos réussites et nos échecs. Ce que nous savons moins, c'est ce que viennent cacher ou dire nos sourires, ce que le chagrin révèle de notre histoire, ou encore ce que nous projetons dans les choix que nous faisons. Ce que nous ne voyons pas, c'est précisément notre propos. L'apprentissage, l'éducation, ce que nous nous autorisons à faire et ce qui nous en empêche, l'interaction, la subjectivité, la place que nous occupons dans la famille, dans le groupe, les affects, le prisme au travers duquel nous essayons de comprendre les situations, l'analyse que nous faisons des choses, tout cela est coloré par notre histoire, il faudra bien l'accepter pour en changer la teinte.

Si l'on questionne quelqu'un sur la façon dont il s'est construit, il y a de fortes chances d'entendre le récit de tous ses choix de vie : « J'ai appris le rugby en accompagnant mon père à ses entraînements », « Je suis devenu avocat pour faire justice », « Pour moi, une famille, c'est se marier et avoir des enfants ». Toutefois, expliquer comment nous apprenons et nous décidons, comment nous devenons « nous » s'avère plus délicat. Le psychologue canadien Gérard Malcuit décrit l'apprentissage comme « le processus ou l'ensemble de processus qui sous-tend les modifications de comportements relativement permanentes survenant par suite de l'expérience ou du contact avec l'environnement », c'est-à-dire notre capacité à changer constamment en fonction des événements que nous vivons et des gens qui nous entourent [96]. Mais ce que l'on nomme « apprentissage » est en réalité souvent la résultante d'une éducation, de mots, de croyances qui façonnent notre esprit. Notre façon de penser, de croire, active chez nous des comportements, et ces attitudes sont en partie le fruit de legs dont nous n'avons pas toujours conscience et qui nous conditionnent à agir de telle ou telle manière. Nous sommes en quelque sorte façonnés. Le terme de « conditionnement » en psychologie s'applique à des mécanismes d'acquisition de certains comportements à la faveur de situations ou de relations. C'est ici que nous bouclons la boucle, apprendre de l'autre et de son environnement nous façonne au point de nous formater dans le regard que nous portons sur les choses, les choix que nous faisons dans la vie. **Le conditionnement serait une façon de s'adapter à son milieu, pourrait-on dire, mais c'est aussi une loupe grossissante du passé. Nos comportements, nos façons de penser sont une voie d'accès direct à notre histoire.** Nous grandissons selon un parcours de vie en intégrant certains événements de notre histoire de façon consciente, et d'autres de façon totalement inconsciente. Des situations nous permettront d'avancer et d'apprendre à nous connaître, quand d'autres nous figeront dans des schémas de pensée dysfonctionnels, de fausses croyances qui empêchent d'avancer ou de croire en nous. Ces certitudes néfastes nous poussent sans le savoir à reproduire des trames de vie qui ne nous conviennent pas forcément, car nous demeurons prisonniers d'une posture, d'un rôle. **Alors, nous tombons dans les mêmes pièges, nous aimons systématiquement les mauvaises personnes, nous nous engageons dans des voies où se jouent les mêmes conflits.** On peut devenir un bourreau de travail, ou un bourreau tout court, une personne illégitime empêtrée dans un syndrome d'imposture chronique. Nous pouvons avoir peur, un peu, tout le temps, ou adopter des conduites à risque. Nous pouvons souffrir de quelque chose qui nous habite, mais ne pas savoir quoi, bref, nous répétons sans le savoir des patterns qui se sont insidieusement construits depuis l'enfance et qui nous maintiennent dans des postures héritées prédéfinies, entraînant souffrances et insatisfactions. Sans conscientiser la part du conditionnement qui existe en nous, nous restons ce que notre passé fait de nous : des êtres partiellement libres, non affranchis des désirs, des vécus, des fantasmes des autres. **Nous sommes ce que l'on attend de nous, une revanche, un pansement, un trophée.** Mais comment être à la fois le fruit de son histoire, d'attentes de sa famille et un sujet libre capable de s'émanciper ? Être soi consiste évidemment au déploiement de son histoire passée dans le présent, bien heureusement pas seulement, et pas à notre insu. Être soi, c'est découvrir ce que l'on veut être et ne pas rester déterminé, c'est créer la rupture s'il le faut sans forcément renier ses origines. Être soi, c'est se rendre compte du fait qu'il est possible de ne pas être uniquement ce que le passé a fait de nous, c'est comprendre ce qui nous a conditionnés psychologiquement et en faire une force, un point de départ. Dans *L'Être et le Néant*, Jean-Paul Sartre explique que l'homme est doté d'une conscience qui lui permet de se regarder et que, ainsi, le timide qui prend conscience de sa timidité ne sera plus un timide naïf, mais un timide conscient qui pourra agir sur lui-même [97]. **Ainsi, l'homme conscient**

> La liberté c'est l'être humain mettant son passé hors de jeu [...].
>
> Jean-Paul Sartre, philosophe et écrivain français

a le pouvoir de donner du sens à ses actions, de comprendre ses comportements dysfonctionnels hérités pour mieux les nier et s'en libérer. Tout peut alors être créé. Nous sommes jetés dans le monde dans des circonstances que nous n'avons pas choisies et qui nous définissent, c'est un fait. En revanche, il est en notre pouvoir de ne pas figer le passé pour exister autrement. Dans son ouvrage, Sartre nous apprend également que la liberté, impliquant la liberté de pensée, permet de faire la différence entre le passé et le présent. Le passé reste ancré de façon immuable, mais notre présent est ouvert sur tous les possibles à condition, une fois encore, de prendre conscience de ce qui nous a formatés. **Nous ne sommes pas voués à être ce que notre histoire a fait de nous un temps. C'est un point de départ, un postulat de base à partir duquel il demeure possible d'avancer.** Avoir connaissance de ce qui nous a conditionnés et comment permet de nous affranchir. Admettre cela, ce n'est pas se renier ni effacer son vécu, sa famille, son éducation. Accepter, c'est admettre que l'influence de son histoire peut être modifiée, que l'on en a le pouvoir. Il n'y a pas de déterminisme.

Précisons humblement que le passé n'est jamais gommé. Ce qui change, c'est la signification qu'on lui concède. Le sens que l'on donne aux choses n'est donc pas fixe, nous pouvons soit être des passeurs inconscients qui perpétuent des comportements passés encore et encore, soit des acteurs éclairés qui les déconstruisent pour les rebâtir à leur façon. Cette prise de conscience, nous l'aurons compris, joue par conséquent un rôle fondamental dans l'existence de chacun. Notre vécu n'est pas obligatoirement un lourd héritage, mais un postulat de base sur lequel peut se construire autre chose si nous le souhaitons. **Chacun peut décider quoi faire de son passé pour se déconditionner.**

Nous pouvons l'accepter, l'assumer, ne pas nous y reconnaître et nous réinventer.

Il existe fort heureusement des répétitions saines de comportements heureux. Le conditionnement est alors une force vitale. Mais, lorsque nos agissements nous poussent à répéter frénétiquement les mêmes erreurs, les mêmes échecs, alors une réflexion doit être menée, car le conditionnement s'avère pathologique. Le psychiatre Juan-David Nasio le dit simplement, « ce qui n'a pas trouvé sa signification dans notre tête revient toujours dans nos actes ; et, inversement, ce qui a trouvé sa signification cesse de revenir » [98], ce qui invite à s'interroger sur le sens d'un trouble ou d'une souffrance. En questionnant nos dysfonctionnements, en nous penchant sur nos conditionnements psychologiques, il sera enfin possible de comprendre de quel problème ledit trouble est la (mauvaise) solution.

Alors, pourquoi est-ce si compliqué de faire ce travail introspectif si le bénéfice semble évident ? La réponse : le changement. Répéter, persévérer, c'est conserver son identité initiale, celle qui semblait nous définir depuis si longtemps. **Si je me répète, je me valide et je conserve mon passé tel qu'il est dans mon esprit. Nul besoin d'essayer de voir les choses autrement et de risquer de me déstabiliser. Je me rassure en me durcissant encore et encore après chaque répétition, je me consolide dans mes croyances, aussi dysfonctionnelles soient-elles** : je suis aujourd'hui la même personne qu'hier, et que je serai demain. Cette ritournelle d'un formatage inadapté ne sert qu'à une seule chose, ne pas se fragiliser en travaillant le passé et se préserver de ce qu'une remise en question viendrait déstabiliser. **Car, finalement, répéter est une économie psychique incontestable, le « seul risque » étant de passer à côté de son identité propre.** Et puis l'habitude est confortable, et rien ne sera jamais entièrement différent. Mais, soyons clairs, travailler son récit, ce n'est

> Les émois inconscients ne veulent pas être remémorés mais aspirent à se reproduire[1].
>
> **Sigmund Freud, neurologue autrichien et fondateur de la psychanalyse**

pas jeter aux oubliettes un passé pour se réinventer sans historique. Toutes les analyses sont subjectives, il s'agit donc d'un exercice de relecture, et non de rejet. Travailler son histoire, c'est remodeler ce qui nous a construits ; et donc conditionnés, pour nous guider vers une meilleure version de nous-mêmes. Nos choix de vie, que l'on croit délibérés, sont bien souvent des patterns du passé pressés d'exister. Par exemple, choisir son conjoint, le travail que l'on exerce, ses habitudes au quotidien relèvent de décisions prises inconsciemment au regard de son passé et qui trouvent une façon de se réactualiser dans le présent. Notre histoire trouble existe donc de cette façon au présent en pensées et en actes, à nous d'en faire quelque chose. **Il n'y a rien à regretter puisque la prise de conscience est là pour nous aider à nous déconditionner.**

Pour résumer, l'idée est que nous reproduisons inconsciemment ce que nous connaissons ou ce qui s'est transmis de génération en génération. Il y a, dans cette répétition qui nous formate, un parfum de déjà-vu, quelque chose de rassurant que l'on met en marche sans même y réfléchir : « continuer d'être avocat de père en fils, ça, je sais faire », « accepter la colère et les humiliations, c'est à ma portée », « ne pas me faire remarquer pour que personne ne se rende compte de mon incompétence, je le pratique depuis toujours », « essayer de me faire aimer à tout prix pour ne pas être abandonné, c'est une évidence ». **Le secret du conditionnement psychologique, c'est qu'il nous conduit à nous comporter comme nous nous comportions dans le passé**

1. Jean-Luc Donnet, « Freud et l'usage interprétatif du transfert », *L'Interprétation*, Presses universitaires de France, p. 105 à 132, 2012.

avec nos parents. Si, par exemple, vous avez été, comme nous l'avons vu plus haut, le « patient désigné » de la famille, celui que l'on fait passer pour responsable de tous les dysfonctionnements de la famille. Si vous avez entendu que vous étiez difficile, colérique ou pas à la hauteur, il y a de fortes chances que vous rejouiez ce rôle dans d'autres situations. Au travail, entouré d'un patron un rien autoritaire et d'une DRH qui remettrait en cause certains de vos choix en vous questionnant, c'est un syndrome de l'imposteur qui viendrait vous faire douter au point de ne plus croire en vos capacités. En couple, dans une relation conflictuelle, au côté d'un conjoint qui vous accule d'être responsable de tous les torts, c'est la voix de vos parents confirmant votre incapacité à gérer vos émotions qui pourrait vous faire accepter n'importe quelles critiques. Bref, vous aurez tellement digéré ce que vous avez entendu de vous que vous finirez par adopter des comportements fondés sur du faux. **Vous allez régresser à ce stade de l'enfance qui viendra valider la parole de l'autre sans libre arbitre, car cette parole est celle de votre famille, de vos parents, de vos proches.** Celle que l'on vous a plaquée dessus. Nous redevons ainsi l'enfant qui accepte, doute, joue la partition qu'on lui a donnée, et lorsque l'on rejoue le même rôle encore et encore, c'est la même scène qui se déroule. Des échecs professionnels, du conflit en amour, de la déception que l'on finit par valider parce que, finalement, « je ne suis pas assez bon pour ceci, ou trop colérique pour cela, je ne sais pas pourquoi, mais c'est toujours la même rengaine, je ne suis pas capable ». Mais, tout compte fait, à bien y réfléchir, derrière ce sentiment d'incompétence auquel nous nous résignons, il y a des points communs à trouver un peu partout. Des résonances entre ce qui se joue au travail, en famille, en amour. **Ces points communs, ce sont les clés initiales de la compréhension de notre conditionnement. La réparation peut alors commencer,**

le déconditionnement, s'amorcer ! La question centrale est la suivante : « À quel moment de notre vie allons-nous conscientiser que nous sommes à certains égards conditionnés, et que ce conditionnement n'est pas bon pour nous ? » Concluons avec ce triste exemple, celui d'un parent qui aura frappé son enfant durant l'enfance. Dans son jeune âge, l'enfant ne peut imaginer une seule seconde que son parent le maltraite. Il pensera systématiquement qu'il mérite ces coups, qu'il se comporte mal, que c'est de l'amour, et c'est précisément ce qui le fera tenir psychiquement et supporter la situation physiquement. Le risque à l'âge adulte, c'est de reproduire ce « type d'amour » ou d'être en relation avec un conjoint qui a les mêmes comportements violents. Ce n'est pas par plaisir, loin de là, même si l'on entend l'entourage murmurer : « elle doit aimer cela puisqu'elle se retrouve systématiquement avec des hommes qui la battent ! » La vérité, c'est que le formatage est à l'œuvre, et la répétition, en totale cohérence avec ce qui a été induit dans l'enfance. Voilà pourquoi travailler sur nos conditionnements est le seul moyen de conscientiser certaines de nos programmations pour y mettre fin, car, sans prise de conscience, les mêmes schémas se joueront sans que nous les anticipions, sans que nous le voulions. **Le risque, lorsque les mêmes erreurs, les mêmes souffrances se reproduisent, c'est la remise en cause totale.** Celle qui fait perdre confiance, qui fait perdre le peu d'amour-propre qui nous reste et qui finit par nous laisser penser que nous ne méritons rien, que nous ne sommes capables de rien, à part de prendre de mauvaises décisions, que nous sommes responsables de tout, et que rien n'ira jamais.

Pour le psychologue américain John Broadus Watson, qui s'inscrit dans le droit fil des travaux de Pavlov, les hommes ont tous le même potentiel à la naissance, et ce sont les différences du milieu dans lequel ils évoluent qui les façonnent différemment et développent des personnalités uniques. Bien que cette idée selon laquelle « **nous sommes tous le fruit d'un conditionnement** » paraisse plutôt pessimiste, pour les behavioristes qui considèrent qu'apprendre consiste à transmettre des savoirs en renforçant des comportements via des stimuli positifs (récompenses), cette position ouvre des perspectives à la fois éducatives et thérapeutiques prometteuses. En effet, puisque nous dépendons en grande partie de notre environnement et de ceux qui nous entourent, en réorganisant cet environnement, en changeant nos relations aux autres, il est possible de (re)modeler nos schémas de pensée. Ce réarrangement consiste en une modification des comportements inappropriés induits en utilisant des méthodes de « déconditionnement-reconditionnement ».

EN BREF

Il n'est pas évident d'échapper à une éducation dysfonctionnelle, des croyances erronées, une histoire transgénérationnelle… **Même si l'on a connu une enfance difficile, ou des traumatismes, il est possible de se (re)construire différemment, et d'abandonner certains schémas répétitifs pour ne pas reproduire indéfiniment les scénarios qui nous emprisonnent.** S'affranchir d'un modèle dont nous n'avons pas totalement conscience reste impossible, car l'influence de ce qui a été transmis dans le passé ne demande qu'à être rejoué au présent. Une force impitoyable nous conduit à les imiter, à les répéter, dans les sphères privées, sociales et/ou professionnelles. Ce phénomène, c'est le conditionnement psychologique. **Enfant, nous nous construisons**

au travers de représentations familiales sur les autres, la réussite, l'amour, soi-même, et toutes ces traces mnésiques s'impriment dans l'inconscient, comme une langue maternelle, devenant ainsi partie intégrante de notre fonctionnement. Nous sommes façonnés sur la base de ces croyances puissantes qui ne sont en réalité pas les nôtres. Nous faisons avec. Alors, nous répétons les mêmes phrases, les mêmes erreurs, nous agissons à l'identique face à certaines situations, nous nous fâchons sans comprendre, nous acceptons l'inacceptable, nous éprouvons de la peur sans danger réel. Ces empreintes nous formatent et nous empêchent de développer un libre arbitre, comme une empreinte biologique qui pousse à la répétition. **Nous sommes dans la reproduction sans le savoir et, par loyauté, pour être fidèles à ceux qui nous ont transmis leurs schémas, quitte à en souffrir, et parce que nous souffrons, la confiance en nous et avec elle les ressources pour changer s'étiolent**. C'est un cercle vicieux, mais rien n'est heureusement définitif en psychologie ! Il est possible de se déconditionner. Quels que soient les comportements acquis par le passé ou durant l'enfance, il est tout à fait possible d'apprendre à fonctionner autrement. Il faut conscientiser le phénomène de conditionnement psychologique, l'accepter et travailler à repérer ses patterns de répétition, avec l'aide d'un psychologue au besoin. **Être la copie d'un héritage familial ou éducatif n'est pas une fatalité, et s'émanciper est un acte libérateur, et non un rejet de son histoire. Se déconditionner, c'est se forger sa propre identité.**

IV

Ce qui nous conditionne

> Si vous voulez découvrir ce qui est vrai,
> vous devez être complètement libre de tout
> conditionnement, de tout dogme, de toute croyance,
> de toute autorité à laquelle vous êtes censé
> vous soumettre [...]. Libérer l'esprit de tout
> conditionnement met fin à la souffrance[1].
>
> Jiddu Krishnamurti, penseur indien

Ce conditionnement qui nous façonne

Nous sommes notre histoire, notre naissance, notre famille. Nous sommes des mots, des croyances, des dogmes. Comment imaginer réussir à penser sans ces couleurs qui teintent nos

1. Jiddu Krishnamurti, *Dépasser la violence : envers soi, les autres et dans le monde*, Synchronique Éditions, 2019.

raisonnements ? **Il faudrait pouvoir être seul depuis toujours ou réussir à faire abstraction de ce qui nous constitue.** Est-ce seulement possible ? Être seul n'est pas à entendre ici comme être isolé socialement. **Être seul, comme nous l'enseigne Jiddu Krishnamurti, c'est ne pas être abîmé, être candide, libre de toute croyance, de toute certitude, ou de jugement sur autrui** [99]. Cet état ne survient que lorsque nous prenons profondément conscience de tous les chemins qui nous ont conduits à être tels que nous sommes, par quels biais aujourd'hui nous réagissons ainsi ou nous faisons cela. Ce qui importe, ce n'est pas seulement de voir, mais aussi de comprendre, que ce qui nous actionne a été conditionné par une religion, une société, une éducation, une famille, des souvenirs. Nous faisons tous partie d'une société, d'un environnement donné. Nous avons tous été élevés dans certaines idéologies, avec une certaine éducation. Prendre conscience de ces formatages, qui ont influencé notre pensée à chaque seconde, c'est commencer à pouvoir s'en libérer. Ces mots peuvent remettre en question beaucoup de certitudes et, bien sûr, **il ne s'agit pas de juger ni son passé ni ceux que nous avons côtoyés**. L'objectif est de comprendre le mouvement des choses, et les traces qu'elles ont laissées en nous. Il faut se demander comment notre vie intérieure s'est construite, avec quelles peurs et quelles certitudes, puis tout remettre en cause. *L'autorité, le conformisme, les certitudes, comment les avons-nous intériorisés ?* En saisissant comment nous fonctionnons avec tous ces bagages, il sera possible d'exprimer notre propre fonctionnement, celui émancipé du poids de certains legs. C'est seulement après de telles découvertes que l'on peut découvrir son vrai soi-même. Le conditionnement s'observe lorsque l'on se regarde en profondeur, que l'on contemple avec bienveillance ses façons de penser, et ce qu'elles impliquent (du confit ? du désir ? de la validation ? de la honte ?). Ainsi, il sera possible de lâcher prise, d'abandonner ce qui nous a programmés, pour nous rebâtir, créatifs, nourris de nouvelles perspectives, de nouvelles valeurs qui nous sont propres, de voir le monde et les autres un peu différemment. **Abandonner le fait d'être en lutte ou toujours en colère, abandonner le sentiment d'être victime ou de ne pas avoir de place, abandonner l'idée qu'on n'y arrivera jamais ou que l'on est décevant, abandonner de vouloir être le meilleur pour être aimé (de qui ?).** Tout cela n'est donc possible que par la compréhension, c'est-à-dire la prise de conscience de notre lien au travail, notre attachement à certaines personnes, l'estime que nous nous portons. C'est tout ce qui nous a conditionnés que nous devons intégrer pour ne pas fuir et perpétuer les mêmes erreurs, les mêmes patterns qui nous font souffrir. La compréhension de ce qui s'est construit en nous par le passé et dans l'enfance est le point de départ du changement. Enfin, il sera possible de nous libérer de toutes ces pensées dysfonctionnelles en les attribuant à certains événements, à certaines personnes, pour devenir libres de ne plus être en colère, car cette colère ne nous appartient pas, pour ne plus être des victimes, car personne ne sera plus jamais autorisé à nous soumettre, pour oser nous émanciper, car nous sommes capables, ou pour être simplement comme nous sommes : libres et imparfaits.

Nous l'aurons compris, prendre conscience de notre fonctionnement et des schémas de pensée dont nous avons hérité est un préalable, car tant que la programmation de notre pensée ne sera pas clarifiée, elle restera programmée, étriquée, biaisée. Difficile de le reconnaître parfois, nous sommes conditionnés à différents niveaux. Nous sommes imprégnés par une éducation religieuse, une histoire traumatique familiale, une famille dysfonctionnelle, une relation destructrice, une vision de la société. Tous ces programmes de la pensée ne sont pas seulement de fines couches en surface, mais aussi des strates profondes, logées dans l'inconscient par des années de formatage.

Soyons clair, l'enjeu n'est pas de perfectionner son modèle ou de reconditionner son esprit autrement. **L'objectif est d'essayer de se découvrir, libre de tout conditionnement, pour faire l'expérience de sa réalité.** Pas celle des autres, la sienne, et c'est extrêmement difficile, j'en conviens. Comme l'écrivait le penseur indien médaillé de la paix des Nations unies en 1985, **« la seule révolution qui vaille : la libération intérieure »** [100]. Pourtant, force est de constater que continuer de fonctionner comme à l'accoutumée s'avère sécurisant. La remise en question, même si l'objectif est de s'alléger de certaines souffrances, reste toujours déstabilisante, et les patterns familiers, bien que dysfonctionnels, nous rassurent. **Agir selon un schéma établi évitant la remise en question est économique, en revanche, être capable de s'observer faire pour conscientiser ce qui nous robotise nous bousculera toujours.** Eh oui, partir à la découverte de nos mécanismes de pensée, nos réflexes, nos réactions pour les dépasser peut tout d'abord être perçu comme une révolution. Conscientiser, accepter, puis décoller les automatismes d'un conditionnement antérieur, certains pourront dire qu'il s'agit du travail de toute une vie. Peut-être. Mais c'est une magnifique perspective, un monde différent à faire croître en soi et pour soi. La découverte de soi est un préalable à admettre, sans jugement, sans amertume et sans comparaison, et, je vous l'assure, c'est un chemin réellement passionnant.

> Qu'est-ce que j'éprouverais si je le pouvais, si j'étais libre, si je n'étais pas asservi par mon conditionnement ?
>
> Aldous Huxley, romancier et philosophe britannique

Prenons l'exemple de notre société. Difficile de ne pas admettre qu'elle nous conditionne selon un schéma de pensée bien précis : celui du conformisme, de la performance, voire, dans certains domaines, du sacrifice [101]. Ce modèle valorisé (souvent aussi par la famille) est axé sur l'effort, le fait d'acquérir de plus en plus, de s'améliorer en efficacité, de répondre aux attentes en gérant, si possible en silence, ses frustrations et ses peurs. Mais, en participant à ce modèle que nous connaissons tous, en nous autoadaptant, autoaméliorant, autogérant émotionnellement, à quoi répondons-nous ? À quelle croyance ? Aux pensées de qui et pourquoi ? Il est parfaitement acceptable d'avoir de l'ambition, et cela se justifie à de nombreux égards, il faut seulement savoir si cela nous appartient ou si nos actions et nos visions sont conditionnées. Si un pattern nous est préjudiciable, si nous en souffrons, alors il est temps de se questionner : *suis-je en train de me conformer à un idéal qui ne m'appartient pas (aussi respectable soit-il) ? Suis-je dans ma vérité, ai-je créé ce qui est bon pour moi ?* La société, mon éducation peuvent me conduire à toujours vouloir me perfectionner, je peux aussi être bien là où je suis, me sentir important à mon niveau, en adéquation avec moi-même. Ce point s'avère essentiel, car il ne s'agit pas de se contenter d'une sorte de suffisance, mais peut-être d'être exigeant à son égard sans avoir à piétiner, à envier quiconque. Faire des efforts pour être ceci ou ne pas être celui-là. Faire avec son état d'esprit, ses valeurs, bref, **créer avec quelque chose qui ne relève pas de ce que nous dicte la société ou qui ne porte pas le fardeau du passé. Cela demande de la patience, de la découverte, du doute beaucoup, et une immense bienveillance envers soi-même**. Rompre n'est jamais facile, et la garde ne manque pas de se mettre en ordre de bataille dès que l'on veut toucher à des certitudes. Mais il ne s'agit pas de se renier. Le propos est de penser par soi-même pour ne pas répéter encore et encore ce qui nous a conditionnés, nous fait souffrir, et que nous actionnons inconsciemment. Car l'esprit est conditionné, c'est indiscutable. Que nous ne voyions pas nos programmations ou que nous les acceptions, que nous tentions de ne pas y penser ou de les transformer, le travail de déconditionnement reste possible. Il passera

> Ne crois pas que ta vérité puisse être trouvée par quelqu'un d'autre.
>
> **André Gide, écrivain français et prix Nobel de littérature**

toujours par l'étape initiale de la prise de conscience. C'est cette compréhension du moi qui entraînera le passage à l'action, l'émancipation créatrice.

Prenons à présent pour exemple la culture. Nous sommes éduqués selon une certaine culture, dans un certain pays. Nous sommes formés à vivre en adéquation avec cette société, à penser en ses termes : être bouddhiste en Asie, ce n'est pas penser de la même manière qu'un chrétien aux États-Unis. L'esprit prend la forme de son environnement culturel. Dans certains pays, il a peur, dans d'autres, il rêve. **Tout cela influence notre façon d'envisager les choses, il y a comme une conscience collective. Mais sous cette conscience admise, pouvons-nous dire, il y a ce que l'on ne conscientise pas. Il y a l'histoire de nos ancêtres, les désirs cachés, les traumatismes d'un peuple, les exils. Il y a la religion, les superstitions, des injonctions, des rêves.** Notre inconscient est teinté de tout cela et nous programme dans nos actions au quotidien. En nous, il y a tous les autres, et nos pensées sont le produit de tout cela. C'est ce qui crée le formatage. Tout va bien lorsque ce qui nous conditionne nous épanouit, mais l'affaire est tout autre lorsque nous en souffrons.

Nous avons donc été conditionnés au travers des siècles par une histoire transgénérationnelle, par une société, une religion, une morale. Nous sommes façonnés par notre éducation, des croyances qui se transmettent dans le temps, des mots durs. Nous épousons certains idéaux communs, nous cherchons la stabilité de l'esprit grâce à des moules universels. Mais si nous sommes capables de nous observer, de nous étudier pour découvrir comment nous nous sommes construits, et comment nos programmations agissent sur nous, il sera possible d'évoluer en lâchant certains patterns. Ce n'est pas rejeter une partie de soi ou de son histoire, c'est voir, comprendre et s'autoriser à faire différemment. Autrement dit, nous déconditionner ne consiste pas à condamner ce que nous avons appris et ceux par qui nous avons appris, mais à nous servir de cette mémoire pour nous guider et nous affranchir. Savoir comment s'est créé le conditionnement aide à trouver une nouvelle direction, à progresser vers une nouvelle version de soi-même, une vision personnelle de soi. **Nous pourrions dire de ce travail qu'il consiste en un abandon de la pensée collective, pour une réflexion individuelle. Tout est là. S'émanciper d'une programmation collective héritée, s'en extraire, puis la réformer.**

Pour approfondir nos connaissances, voici quelques expériences princeps qui nous renseignent sur l'apprentissage et le conditionnement dans les différents domaines, social, éducatif, culturel et religieux.

À VOUS DE JOUER

Tous les conditionnements ne sont pas des bêtes noires qu'il faudrait repérer et faire sortir de leur tanière pour mieux les éliminer ! Voici une liste non exhaustive de petits conditionnements comportementaux (Pavlov), et de renforçateurs (Skinner) que nous sommes tous susceptibles d'avoir. N'hésitez pas à cocher certaines des situations dans lesquelles vous vous reconnaissez. À vos stylos !

☐ Pour pouvoir me motiver à faire une tâche domestique, il me faut écouter une musique entraînante.
☐ Si je vis une expérience traumatisante dans un lieu bien précis, impossible pour moi de repasser au même endroit sans avoir une attaque de panique.
☐ Lorsque j'entends le son d'une notification sur un téléphone qui n'est pas le mien, je ne peux m'empêcher de me demander si je n'en ai pas reçu une également.
☐ Si j'entends le bruit d'un paquet de chips dans une publicité, j'ai faim.
☐ Lorsque je vois un fruit de la passion, je me remémore mes vacances heureuses de l'année dernière sous les tropiques.
☐ Mon réveille-matin sonne, et, en quelques secondes, la liste de tout ce que je dois accomplir dans la journée défile dans ma tête.
☐ Lorsque je m'apprête à chatouiller mon enfant, il rit avant même que je commence.
☐ Quand mon moral est en berne, j'ai besoin de compenser avec de la nourriture ou en faisant des dépenses.
☐ Si je perds confiance en moi, je cherche de la reconnaissance ou de l'admiration auprès de mes proches.
☐ La maîtresse d'école de mon enfant m'appelle, car mon fils a mal au ventre, dès qu'il sait que je suis en route pour venir le chercher, il va déjà un peu mieux.
☐ Je croise une connaissance qui me demande « ça va ? », je réponds « ça va » sans même m'être posé la question.
☐ À chaque fois que je sens l'odeur de la rose, je pense à ma grand-mère.
☐ Lorsque je m'apprête à prendre la parole en public, j'ai la bouche sèche.

☐ Lorsqu'un bébé fait une petite chute sans gravité, il regardera la réaction de ses parents avant de commencer ou non à pleurer.
☐ Quelqu'un bâille en face de moi, je ne peux m'empêcher de bâiller à mon tour.
☐ Si j'achète la même crème de jour que tel ou tel mannequin présente, je lui ressemblerai un peu.
☐ Le marketing m'a appris que le vert est associé au biologique, je vais acheter ce produit plutôt qu'un autre.
☐ J'ai passé une dure journée et je n'ai pas démérité, je m'accorde une récompense en m'autorisant un verre de vin ou une cigarette.

Le conditionnement s'exprime dans bien des domaines. Nous avons vu les conditionnements pavloviens et opérants, ainsi que leurs principales caractéristiques qui nous ont permis de comprendre à quel point les réactions s'expriment dans différents schémas ou situations. L'élargissement de la notion de conditionnement et de tout ce qu'elle implique dans nos vies de tous les jours a continué à se faire grâce à de nombreuses séries de travaux menés parallèlement.

Je vous propose de poursuivre l'exploration du mécanisme du conditionnement psychologique au travers de différentes expériences qui illustreront encore un peu plus notre propos. Grâce à ses études, nous comprenons davantage les mécanismes qui agissent comme des signaux et déclenchent des réponses automatiques, mais acquises au préalable, lors de certaines situations sociales, éducatives, culturelles ou religieuses.

Le conditionnement social

L'expérience de Solomon Asch [102]

Il arrive de se laisser convaincre par une rumeur ou une personne à l'avis bien tranché. Il arrive aussi que l'on feigne d'y croire pour donner l'impression que l'on pense comme tout le monde. À bien y penser, ce n'est pas si rare. Cette pression qu'exerce le conformisme illustre bien à quel point nous sommes conditionnés à suivre la majorité, à ne pas créer de dissidence au point d'ignorer les informations irréfutables fournies par nos propres sens ou nos propres convictions. À la fin de la Seconde Guerre mondiale, les immondices révélées du régime nazi posent de nombreuses questions aux politiques, sociologues ou psychologues, à commencer par les interrogations concernant le consentement et l'effet de masse. Aujourd'hui encore, n'avons-nous pas tous déjà entendu ce type de discours :

Moi, je vous l'assure, personne ne saurait décider pour moi, me faire marcher au pas, puis courir sous les ordres. Je ne suis pas un suiveur, et quand j'ai une conviction, peu m'importe l'avis de la majorité ! J'ai des valeurs, moi, je suis un libre penseur ! D'ailleurs, je n'ai jamais compris comment la majorité de la population d'un pays a pu basculer dans le totalitarisme aussi facilement que ce fut le cas avec le IIIe Reich.

Solomon Asch, psychologue pionnier de la psychologie sociale et chercheur au Swarthmore College aux États-Unis, a réussi à nous démontrer à quel point **le conformisme fait partie de nos mécanismes sociaux, auxquels nous sommes conditionnés**. En 1951, le chercheur publie les résultats d'une expérience mettant en évidence l'influence du groupe sur l'opinion d'un individu. Le but de cette étude était d'évaluer la résistance d'une opinion

« libre et personnelle » subissant la pression d'une majorité. En d'autres termes, sommes-nous conditionnés à rejoindre le groupe, la pensée majoritaire ?

Voici les conditions de l'expérience : Asch invite un groupe de 7 à 9 étudiants âgés de 17 à 25 ans à participer à un supposé « test de vision » auquel auraient déjà participé de nombreuses personnes sans aucune difficulté. Dans le groupe, constitué spécifiquement pour l'étude, tous sont des complices de l'expérimentateur, sauf un. C'est sur ce sujet dit « naïf » que les observations se portent. L'objectif est de comprendre comment cet étudiant va réagir aux comportements des autres sujets « acteurs » [103]. Tout le groupe est donc installé en ligne dans une pièce, puis l'expérimentateur donne les instructions.

L'exercice, on ne peut plus simple, est énoncé en ces termes :

« Il s'agit d'un test visuel. Regardez cette image. Elle représente une ligne verticale sur le côté gauche, et, sur la partie droite, trois lignes notées A, B et C. Vous devez identifier, parmi les lignes A, B ou C, laquelle est identique à celle de gauche. » Chaque individu, les complices comme le sujet étudié, va donc l'un après l'autre, et dans l'ordre, donner à voix haute sa réponse à cette question « quelle ligne de droite a la même taille que celle de gauche ? ».

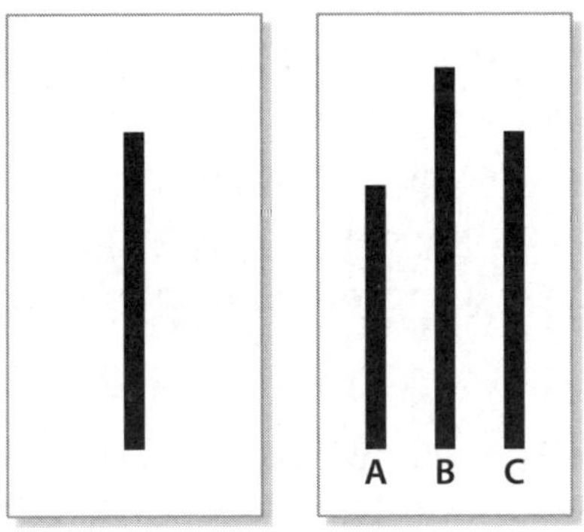

> Que des jeunes gens raisonnables soient prêts à nommer noir ce qui est blanc est préoccupant. Cela soulève des questions sur nos modes d'éducation[2] […].
>
> Solomon Asch, psychologue et chercheur américain

Avant le début de l'expérience, Asch donne ses instructions aux complices. Lors des premiers tests, ils devront donner la bonne réponse (la réponse C), puis, au bout du septième essai, ils fourniront unanimement la même fausse réponse (par exemple, la réponse B), et ce pendant 18 répétitions. Asch révéla que, au fur et à mesure, et malgré son air surpris, le sujet « naïf » se laissera influencer par l'avis du groupe. Cette expérience a été répétée de très nombreuses fois afin de vérifier sa validité. Les résultats ont montré que seulement 25 % des sujets commettent un sans-faute, ce qui revient à dire que les trois quarts cèdent à l'avis du groupe, qui donne pourtant une réponse visuellement et de toute évidence fausse. Un point intéressant reste les débriefings avec les sujets à la fin des expériences, où le but réel de l'exercice leur avait été révélé. Solomon Asch a alors recueilli 3 types de réponses :

- Certains sujets restaient intimement persuadés qu'ils avaient toujours donné la bonne réponse.
- D'autres avouaient s'être laissés convaincre par l'opinion unanime du groupe.
- Enfin, certains avaient la bonne réponse, mais admettaient ne pas vouloir dénoter par rapport au groupe pour rester conformes à la majorité.

L'expérience d'Asch nous prouve à quel point nous sommes conditionnés à nous conformer au groupe, au point de revoir notre jugement. Nous apprenons à adhérer inconsciemment

2. Solomon Asch, « Effects of group pressure upon the modification and distortion of judgments », H. Guetzkow (ed.), *Groups, leadership and men*, Carnegie Press, 1951.

à une forme d'influence normative, unanime : quand le plus grand nombre prend la parole et va dans le même sens, nous comprenons que cette direction est certainement la bonne et il devient extrêmement difficile d'émettre un avis contraire.

L'expérience du Bon Samaritain de John Darley et Daniel Betson [104]

Dans la même veine que l'expérience de Solomon Asch, penchons-nous sur cette étude sur le conditionnement au conformisme dans un groupe. La question de départ est la suivante : « Dans quelle mesure apportons-nous de l'aide aux personnes en détresse que nous sommes susceptibles de croiser ? » C'est ce qu'ont voulu comprendre deux chercheurs américains, John Darley et Daniel Betson, auteurs de l'étude datant de 1973 au nom emprunté à la parabole du Nouveau Testament « Le Bon Samaritain », dont se sert Jésus de Nazareth pour illustrer sa définition de l'amour de son prochain. Résumons-la rapidement : un homme voyage de Jérusalem à Jéricho. Sur son chemin, il tombe sur des brigands qui le volent, puis le rouent de coups jusqu'à le laisser pour mort. Un prêtre passant par hasard voit l'homme inerte au sol, mais ne s'arrête pas. Il est suivi d'un autre homme qui agit de la même manière en passant son chemin. Enfin leur succède un Samaritain qui vient immédiatement en aide à la victime et l'emmène sur sa monture dans une auberge proche pour le soigner. À l'image de cette histoire, les deux expérimentateurs ont cherché à comprendre ce qui avait motivé les deux premiers passants à ne pas s'arrêter, et au « Bon Samaritain » à porter secours à l'homme à terre. L'une des hypothèses de l'étude consistait à penser qu'une personne pressée qui croise quelqu'un en situation de détresse serait moins encline à apporter de l'aide qu'une autre personne qui a du temps devant elle [105].

Voici l'expérience : les cobayes sont de jeunes séminaristes du Princeton Theological Seminary ayant suivi des conférences sur les thèmes de l'altruisme et de la foi religieuse. Ils pensent être conviés à une étude sur la vocation spirituelle, et ne se doutent absolument pas que le sujet porte en réalité sur l'effet du facteur « religieux » sur une situation donnée, ici la propension à porter assistance sous la pression du temps. Lors des explications données par les chercheurs, il est dit brièvement que, pour des raisons d'organisation, il faudrait changer de bâtiment au cours de l'étude. C'est là, lors de ce parcours anodin, que l'expérience commence. Sur le chemin d'un immeuble à un autre, une personne très mal en point sera allongée. Il s'agit d'un comédien qui simule un malaise. Les chercheurs vont observer les réactions et obtenir les résultats suivants :

– Les participants ayant suivi avec assiduité les conférences et étudié avec intérêt la parabole du « Bon Samaritain » ont été 53 % à venir en aide à l'homme au sol.
– Ceux qui n'ont pas suivi de cours théologiques n'ont été que 29 % à porter secours, c'est presque deux fois moins.

Darley et Beston ont ensuite poursuivi l'étude en ajoutant le facteur « temps », voici les données :

– 63 % des séminaristes apportent leur secours à la personne en détresse lorsqu'il n'y a pas de pression du temps.
– Les chiffres tombent à 10 % de « Bons Samaritains » lorsque les étudiants sont pressés par les expérimentateurs, c'est six fois moins que dans la condition précédente, sachant que le retard n'est pas puni et qu'ils ne subissent aucune menace.

Les résultats ont permis de vérifier l'une des hypothèses des chercheurs. Celle selon laquelle le temps dont on dispose est un facteur déterminant dans notre prise de décision, même s'il s'agit de secourir quelqu'un, et ce quelle que soit notre morale. La pression de l'horloge qui tourne nous mettrait dans un tel état que notre prise de décision serait dégradée, quelles que soient nos convictions profondes ou notre morale. Alors, à quoi avons-nous été conditionnés ? À penser que respecter une contrainte de temps est plus important que d'aider autrui ? Qu'être bons n'est possible que si nous disposons de temps ? Aurions-nous appris que nos valeurs entreraient moins en compte que la situation (ici, la pression temporelle) pour expliquer nos comportements ? **Si la société nous conditionne à considérer que la ponctualité est la valeur suprême, quelles que soient les circonstances qui pourraient expliquer un retard, alors nous avons ici l'exemple de la puissance du formatage.** Avant de rester sur cette conclusion, et afin d'apporter une critique aux statistiques, l'étude mériterait d'être réalisée en tenant compte de la variable « anxiété », dont les réactions physiologiques pourraient expliquer la prise de mauvaises décisions.

Le conditionnement éducatif

Enfant, notre survie dépend de nos parents et de la satisfaction de nos besoins élémentaires vitaux (manger, boire, dormir...). Au-delà de ces nécessités évidentes, nous avons également besoin de nourriture affective. Pour recevoir tout cela, un processus inconscient se met en place. Nous l'avons vu plus haut, il s'agit de la « conformité ». **Chaque enfant, avant d'être rassuré par l'amour inconditionnel de ses parents, essaye de se conformer aux attentes de ses parents pour recevoir du soin.** Ce pattern « plus

> La liberté de pensée est absolue ou elle n'est rien
>
> Luc Ferry, philosophe, ancien ministre de l'Éducation nationale et de la Jeunesse

je suis conforme, plus on m'aimera » va continuer à faire son chemin à l'âge adulte avec les amis, une communauté (sportive, religieuse...), au travail, parfois malheureusement en amour.

Puis arrive l'âge scolaire. L'enfant a appris à marcher, à courir, à jouer, à parler, à raisonner... Pourtant, il est remis au stade de la page blanche. Il va de nouveau absorber ce qu'on lui enseigne, en partie de façon affective, pour obtenir l'amour dont il a besoin. Surviennent ensuite les points rouges et les points verts, les smileys qui sourient ou font la tête avec leurs lots de déceptions, et surtout de comparaisons à l'autre. Le conditionnement est en marche, celui de la compétence. Acquis, pas acquis, en cours d'acquisition, l'objectif est d'éradiquer le différent pour entrer autant que faire se peut dans une norme développementale. L'enfant n'en sait rien, mais, au travers des adultes qui l'entourent, il comprend vite quelle posture adopter, celle de la norme. Jusqu'à l'adolescence, le jeune va vivre une maturation exponentielle du cerveau par les apprentissages et les expériences qui vont le structurer. Il sera aussi le témoin des projets, des déceptions, des inquiétudes de ses référents à son égard. Certains parents, ayant en eux un enfant intérieur blessé, pourront projeter sur leurs descendants les rêves qu'ils n'ont jamais réalisés. Combien d'enfants poussés en compétitions sportives, poussés à exceller à l'école, à se démarquer au théâtre vont développer des aptitudes qui sont en réalité des projections qui ne leur appartiennent pas. **L'adulte souhaite en définitive se concrétiser au travers de son enfant, en oubliant de l'encourager à devenir qui il est vraiment, ou du moins de lui laisser la place de le découvrir. Le risque est que le conditionnement du jeune à accomplir les rêves de sa mère ou de son père soit tel qu'il passe à côté de sa propre identité.** En découleront des années où la croyance d'être aimé à condition d'être à l'image des espoirs de la famille verrouilleront littéralement la simple

> Partout, la société conditionne l'individu, et ce conditionnement prend la forme du perfectionnement de soi.
>
> Jiddu Krishnamurti, penseur indien

pensée qu'il est possible d'être autrement jusqu'à l'éventuel effondrement, celui qui pousse à se reconstruire tel que l'on souhaite être, en vrai. **Le regard que nous portons donc sur nos enfants les détermine, ils pourront être conditionnés à penser qu'ils peuvent réussir ou être formatés à croire qu'ils n'en sont pas capables.** C'est précisément l'hypothèse de l'étude de Robert Rosenthal, psychologue et professeur américain, dans les années 1960.

L'effet Pygmalion de Robert Rosenthal [106]

Robert Rosenthal est convaincu que le fait de catégoriser quelqu'un provoque une certaine attente quant au comportement de cet individu. Il pense que l'individu pourrait bien finir par se conformer à ce que l'on veut ou pense de lui, en se modelant au regard de l'autre pour ne pas le contredire. **L'effet Pygmalion est en somme une prophétie autoréalisatrice qui provoque une amélioration des performances d'un sujet, en fonction du degré de croyance en sa réussite venant d'une autorité ou de son environnement** [107]. D'après le chercheur, le simple fait de croire en la réussite de quelqu'un améliore ses probabilités de succès. L'inverse est malheureusement vrai aussi !

Voici donc l'étude : Rosenthal décide de mener son expérience dans un milieu scolaire défavorisé de San Francisco. Pour travailler sur l'effet Pygmalion, il monte un scénario nécessaire à la validité de son travail. Le chercheur et ses équipes se présentent dans une école comme des enseignants de Harvard souhaitant évaluer les connaissances des enfants en début puis en fin d'année grâce à un test de Q.I. L'objectif énoncé officiellement à l'établissement est de comprendre l'évolution des connaissances des élèves au cours d'une année scolaire. En réalité, le but est de savoir si le préjugé d'un enseignant sur les capacités d'un élève influence ses résultats scolaires. Les tests de Q.I. sont donc passés à l'ensemble des enfants d'une classe, puis Rosenthal transmet les résultats aux enseignants. Ce que ces derniers ne savent pas, c'est que les résultats qu'on leur donne ne sont pas les vrais. Certains élèves pris au hasard ont été largement surévalués. Les professeurs pensent donc que ces quelques élèves ont un Q.I. supérieur à leurs camarades. L'année s'écoule et les chercheurs font de nouveau passer, comme convenu, les tests de Q.I. Les résultats de l'expérience démontrent qu'une année après la divulgation des faux résultats de Q.I. aux instituteurs, les enfants surévalués ont amélioré de 5 à 25 points leurs performances au test d'intelligence. Le hasard a créé de nouvelles performances grâce au regard qu'ont porté les enseignants sur ces élèves, sur la base de croyances. **Autrement dit, en pensant que quelqu'un possède une caractéristique, nous changeons notre propre attitude vis-à-vis de cette personne et l'influençons de telle sorte qu'elle va effectivement acquérir cette caractéristique ou l'exprimer de façon plus flagrante.** Une attente positive (fondée ou non) vis-à-vis d'un élève influence favorablement ses résultats, c'est l'effet Pygmalion ! Si un maître, un parent « croit » en un enfant, ses résultats seront majorés, car le comportement de l'adulte sera différent. Dans le cas de l'étude que nous venons de voir, les instituteurs, apprenant que certains élèves avaient de grandes capacités intellectuelles, ont probablement changé d'approche, apporté une attention particulière à ces enfants, laquelle les valorisait dans leur posture d'enseignant. Cela pousse à réfléchir à ce qui se joue d'emblée dans l'éducation. Nos attentes conditionnent la réponse de l'enfant.

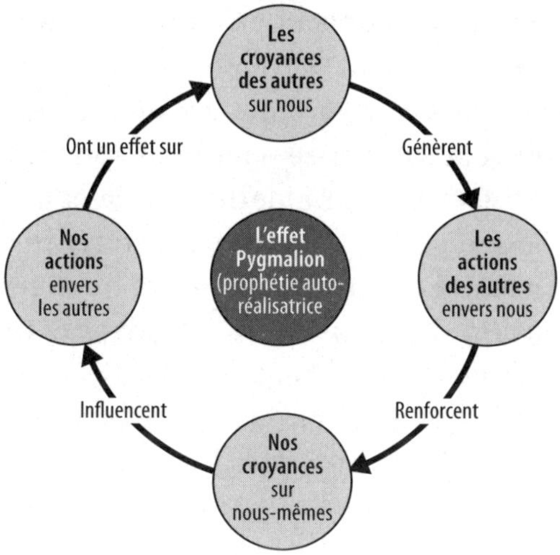

Au cours de la décennie qui a suivi les expériences de Rosenthal, plus de 345 expériences furent réalisées sur cet effet, et les résultats ont validé que l'attente d'une personne vis-à-vis du comportement d'une autre peut conduire à sa propre confirmation [108].

Le conditionnement culturel

Le conditionnement culturel, l'acquisition de comportements adaptés à cette culture sont intériorisés très tôt dans l'enfance. Ce formatage à notre société permet l'apprentissage de règles par observation (on se conforme à ce que l'on voit être fait par la majorité : il existe des couverts pour manger), par reproduction (on se comporte en fonction des attentes : je vais apprendre à me servir de ce couteau et de cette fourchette), par

> Le comportement borné des hommes face à la nature conditionne leur comportement borné entre eux.
>
> Karl Marx, philosophe, sociologue, et historien prussien

renforcement (comme l'a expliqué Skinner, ce qui est valorisé culturellement sera adopté, les dissonances seront écartées : si je les utilise, j'appartiens au groupe et je ne crée pas de malaise), enfin, tout cela sera intériorisé pour nous conditionner inconsciemment à nous façonner à notre culture et à agir de façon adaptée (il m'est maintenant tout à fait naturel de manger avec des couverts). **Notre culture teinte notre manière de penser, notre perception des choses, notre raisonnement.** Si l'on prend l'exemple de la santé mentale, les différences culturelles concernant la personnalité peuvent conduire à évaluer de façon totalement différente certains traits de caractère. Ce qui peut être considéré comme « habituel » dans une culture asiatique (par exemple, l'introversion) peut être qualifié à un certain degré de phobie sociale dans une société occidentale. Un certain nombre de syndromes sont d'ailleurs bien spécifiques à une culture donnée. Par exemple, au Japon, le terme *hikikomori* est utilisé pour désigner les individus qui se retirent de la vie sociale et restent cloîtrés chez eux pendant plus de six mois. Le ministère de la Santé japonaise ne définit pas cet état comme une maladie psychique ou psychiatrique, mais comme un état transitoire du passage de l'adolescence à l'âge adulte [109]. Le « syndrome de Koro » est quant à lui un trouble psychiatrique spécifique à certaines cultures orientales et asiatiques et caractérisé par une anxiété intense et brutale liée à la peur d'une rétractation du pénis dans le corps [110]. La rumeur dit qu'il s'agit d'une attaque de sorcellerie ou d'un empoisonnement. **Il existe donc bien des croyances, des maux, des comportements liés à la culture.** Le rapport à l'autre est aussi différent, et notamment le rapport à l'obéissance. C'est ce qu'a voulu démontrer Stanley Milgram, psychologue américain, dans son étude menée dans les années 1960 sur la soumission à l'autorité. Cette expérience, très controversée en raison de sa méthodologie, étudie tout particulièrement la question de la faculté à désobéir. Le but étant de tenter de comprendre ce qui a pu mener des personnes ordinaires à tuer ou à torturer sur ordre hiérarchique pendant le nazisme.

Expérience de Stanley Milgram [111]

Cette expérience évalue le degré d'obéissance devant une autorité jugée « légitime », pour analyser le processus de soumission à l'autorité, notamment quand elle induit des actions posant des problèmes de morale. Voici donc le principe de l'étude : entre 1960 et 1963, l'équipe du professeur Milgram fait paraître des annonces dans un journal local pour recruter des sujets pour une prétendue expérience sur l'apprentissage. La participation dure une heure et est rémunérée quatre dollars, plus cinquante cents pour les frais de déplacement, ce qui représente une somme non négligeable pour l'époque.

L'expérience se déroule dans les locaux de l'université de Yale dans le Connecticut. Les participants sont des hommes et des femmes de 20 à 50 ans, issus de tous les milieux et avec différents niveaux d'éducation. L'expérience est présentée comme une étude scientifique sur « l'efficacité de la punition sur la mémorisation » et met en jeu trois personnages :

- Un « élève – A » (*learner*), qui s'efforce de mémoriser des listes de mots et recevra une décharge électrique en cas d'erreur.
- Un « enseignant – S » (*teacher*), qui dicte les mots à l'élève et vérifie les réponses. En cas d'erreur, c'est lui qui envoie une décharge électrique.
- Un « expérimentateur – E » (*experimenter*), qui représente la figure d'autorité officielle et qui donne les ordres.

L'expérimentateur (E) et l'élève (A) sont deux comédiens. L'étude porte donc sur l'enseignant (S) qui est le vrai participant de l'étude et qui permettra d'étudier le niveau d'obéissance et de soumission à l'autorité. Avant de commencer, les chercheurs soumettent un choc électrique de 45 volts à l'enseignant pour lui montrer le niveau de douleur que recevra l'élève en cas d'échec mais, en réalité, durant l'expérience, les décharges sont fictives. L'acteur jouant l'élève simulera de les recevoir, il est ensuite placé dans une pièce distincte, séparée par une fine cloison, et attaché sur une « chaise électrique » (en apparence). L'enseignant (le cobaye, donc) est installé devant un pupitre muni d'une rangée de manettes et reçoit la mission de faire mémoriser à l'élève des listes de mots. À chaque erreur, l'enseignant doit enclencher une manette qui, pense-t-il, envoie un choc électrique de 15 volts supplémentaires à chaque faute. Le sujet est prié d'annoncer à haute voix la tension correspondante au choc électrique (rappelons-le, en réalité fictive), avant de l'appliquer.

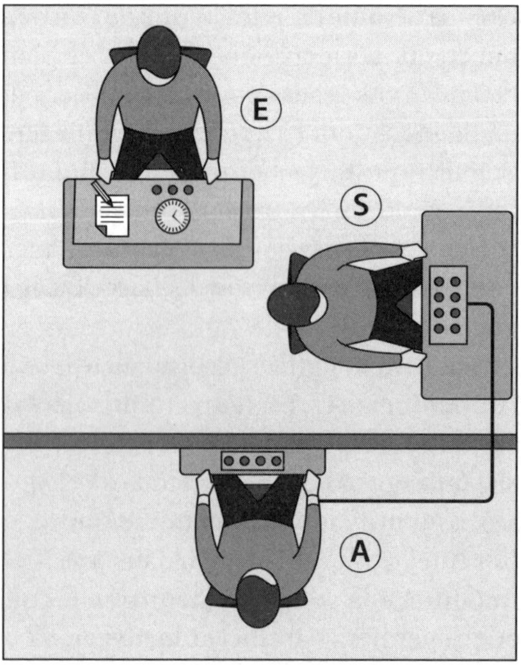

Le comédien qui simule la souffrance a reçu les consignes suivantes : à partir de 75 volts, il gémit ; à 120 volts, il se plaint à l'expérimentateur du fait qu'il souffre ; à 135 volts, il hurle ; à 150 volts, il supplie d'être libéré ; à 270 volts, il lance un cri violent ; à 300 volts, il annonce qu'il ne répondra plus. Lorsque l'élève ne répond plus, l'expérimentateur indique avec autorité à l'enseignant qu'une absence de réponse est considérée comme une erreur. Au stade de 150 volts, la majorité des enseignants (sujets de l'étude) manifestent des doutes sur l'étude et interrogent l'expérimentateur sur la poursuite de l'exercice. L'expérimentateur est chargé de les pousser à continuer en leur affirmant qu'ils ne sont pas tenus pour responsables des conséquences de leurs actes ! Si un sujet hésite, l'expérimentateur a pour consigne de lui demander d'agir [112].

Lors des premières expériences menées par Stanley Milgram, 62,5 % (25 sur 40) des sujets menèrent l'expérience à terme en infligeant à trois reprises les prétendus électrochocs de 450 volts. Toutefois, chaque participant s'était à un moment ou à un autre interrompu pour questionner l'examinateur. Beaucoup présentaient des signes patents de nervosité extrême et de réticence lors des derniers stades (protestations verbales, rires nerveux...). En d'autres termes, 62,5 % des sujets sont prêts à infliger de grandes souffrances s'ils sont encouragés et dédouanés de leurs responsabilités. Cette expérience fut longuement analysée. Elle a permis de réfléchir aux notions d'obéissance dans nos cultures, à la lumière notamment des actes commis sous le régime nazi durant la Seconde Guerre mondiale. Stanley Milgram proposa lui-même une réflexion autour de son étude en 1974, en concluant que l'obéissance est un comportement conditionné par la société. **Nous aurions intégré qu'un individu dans une hiérarchie doit adapter et modifier son comportement, quelles que soient ses valeurs, pour devenir l'agent de l'autorité.** La Seconde Guerre mondiale et en particulier la Shoah ont donc ainsi joué un grand

> Sans les masses,
> le chef n'existe pas.
>
> Hannah Arendt, politologue, philosophe et journaliste allemande naturalisée américaine

rôle dans le choix de Stanley Milgram de s'intéresser à la soumission. Il soutient Hannah Arendt qui, dans ses reportages controversés, affirme que les criminels de guerre sont plus des bureaucrates obéissants que de cruels antisémites [113].

Notre culture nous apprend-elle à obéir, quoi qu'il arrive, à l'autorité, d'autant plus si l'on nous assure de ne pas être responsables ? Être déchargés de toute incrimination, de tout devoir ne nous conduit-il pas à fabriquer des bourreaux ? Enfin, la peur, la place que l'on laisse à l'autre pour exercer sur nous un pouvoir joue-t-elle un rôle dans notre capacité à nous soumettre ? Toutes ces questions nous interrogent sur les jeux de pouvoir et les devoirs que nous avons tous dans nos cultures. L'expérience de Milgram a, par le passé, été répliquée dans de nombreux pays [114]. Afrique du Sud, Italie, Australie, Espagne, entre 1968 et 1985, l'étude a été reproduite de nombreuses fois avec systématiquement des taux d'obéissance compris entre 50 % et 87,5 %. **La soumission à l'ordre serait-elle plus universelle que culturelle ? Serait-ce une norme sociale permettant au groupe de fonctionner même si elle conduit au pire ?**

Le conditionnement religieux

> Je crois que seul un conditionnement particulier, une connexion subie avec le mal dans le passé, peut expliquer les pires comportements.
>
> Abbé Pierre, prêtre catholique français

Notre éducation religieuse nous transmet des images de Dieu, des préceptes, des lois. Ces croyances n'ont pas seulement été influencées par des facteurs sociaux et culturels, nous avons baigné dans un environnement éducatif et familial qui nous a également conditionnés à entrer dans telle ou telle religion. La foi est souvent un héritage transgénérationnel, transmise de génération en génération. Partant de nos connaissances théologiques, nos peurs, nos espoirs et nos besoins personnels orientent nos choix de vie. Cela peut être une voie, et, pour d'autres, un poids. Le cri de Nietzsche « Dieu est mort » dans *Ainsi parlait Zarathoustra* en est l'exemple frappant [115]. Le livre raconte l'épopée de Zarathoustra, lequel a la mission d'annoncer aux hommes la venue du « surhomme », chargé de les libérer des préceptes divins, faux et illusoires, pour apprendre à penser à partir d'eux-mêmes, et non plus à partir de Dieu. Cette mort a pour conséquence la fin de la transcendance, la terre appartient désormais aux hommes. Mais Zarathoustra constate que, malgré la mort de Dieu, les illusions et les croyances en lui et la religion subsistent. **Bref, au travers des siècles, des arts, de la littérature, de la culture, la religion a toujours accompagné l'homme dans ses décisions. Nos croyances religieuses sont aussi le reflet de l'époque dans laquelle nous vivons, et de ce dont nous avons besoin**. L'évolution de l'image de Dieu en est le symbole : on rencontre d'abord le Dieu des peuples nomades de la Bible hébraïque, protecteur, bienfaiteur, mais aussi lointain et imprévisible. Il a été suivi par un Dieu plus omnipotent et omniscient, tout comme le roi idéal que demande alors la société sédentaire ou la cité-État. Puis on rencontre le Dieu du Nouveau Testament, qui reflète le besoin de paix dans une population plus importante, pour consolider les relations. Ce Dieu qui a pris diverses formes a pu être un guide différent conditionnant la pensée des croyants à différentes façons de réfléchir.

Mais revenons davantage à notre propos : *quel pouvoir la religion a-t-elle sur notre cerveau ?* Dans une étude datant de 2016, des chercheurs américains de l'université de l'Utah ont cherché à observer l'activité cérébrale de fervents mormons, fidèles de « l'Église de Jésus-Christ des saints des derniers jours », lors d'expériences religieuses [116]. Leur hypothèse était que prier activerait les mêmes zones du cerveau que la drogue ou le sexe, à savoir le circuit de la récompense. Dans le cerveau, le circuit de la récompense – ou système de renforcement – est formé de structures reliées les unes aux autres. Lorsqu'il s'active, le sujet ressent de la satisfaction. Présent chez tous les mammifères, le circuit de la récompense permet aux individus de savoir, à tout moment, dans quel état physique et psychique ils se trouvent. L'équipe de neuroscientifiques a donc observé l'activité cérébrale par IRMf de croyants mormons, ayant une pratique très orthodoxe de la religion, lorsqu'ils priaient. Le groupe, constitué de 12 hommes et 7 femmes, a donc subi un examen d'imagerie après qu'il leur a été demandé de se mettre dans un état psychique « proche du divin », comme en lien avec Dieu. Les chercheurs ont recueilli les retours des volontaires pour s'assurer de leurs prières, tous ont rapporté un sentiment de paix intérieure, une sensation intense de chaleur, et certains étaient en larmes en sortant de l'IRMf. Michael Ferguson, bio-ingénieur et coauteur de l'étude, a pu confirmer que « lorsque les sujets pensaient à un sauveur, à être avec leur famille pour l'éternité, ou à une récompense céleste, cela se voyait dans leur cerveau ».

La conclusion principale de ces observations est que les sentiments de spiritualité activent les zones du circuit de la récompense dans le cerveau. **Autrement dit, un croyant éprouve du plaisir à croire. Rien de très surprenant, en réalité, puisque ce système est déterminant dans le fait de répéter une expérience ou non. À l'inverse, donc, un individu non croyant ne verra aucun intérêt à prier.** Cette mise en évidence de l'activation du circuit de la récompense pose aussi la question du conditionnement à pratiquer une religion pour éprouver du plaisir.

À ce compte-là, il serait intéressant de savoir s'il est possible qu'une religion se transforme en addiction, le système de renforcement étant au cœur des comportements addictifs. **Dans ce cas, est-ce que le plaisir qu'apporte la foi nous conditionnerait à nous rapprocher de la religion ?**

> Nous commençons tout juste à comprendre comment le cerveau contribue aux expériences que les croyants interprètent comme spirituelles, divines, voire transcendantes.
>
> **Jeff Anderson, neurologue et chercheur américain**

EN BREF

- En apprenant à nous observer, en faisant un travail sur nous-mêmes, il sera possible de repérer dans nos comportements ce qui nous appartient de ce qui nous a été légué par notre éducation, notre histoire familiale, nos traumatismes, la société, notre culture.
- Ces conditionnements peuvent être fonctionnels ou dysfonctionnels, c'est-à-dire nous conduire à reproduire systématiquement les mêmes conflits, certains échecs, ou encore générer chez nous des pensées limitantes qui empêchent d'avancer.
- Bien que responsables de certaines de nos souffrances, ces conditionnements à penser ou à agir sont difficiles à abandonner, car ils nous sont familiers.
- Abandonner nos croyances réflexes, nous réinventer librement demande du travail et de la volonté.
- Il faut découvrir pourquoi notre esprit a tant de mal à se détacher de certaines de ses habitudes conditionnées.
- Cesser de reproduire un pattern, ce n'est pas se renier ni renier ceux qui nous ont appris. C'est accepter d'agir

selon notre libre arbitre pour aller vers une meilleure version de nous-mêmes.
- Lorsque l'on repère nos comportements conditionnés, alors l'esprit se libère et il devient possible d'agir pour apprendre à fonctionner autrement, avoir de nouvelles perspectives, de nouvelles valeurs.
- Il faut s'entraîner à nous demander si nous voulons vivre et voir les choses selon nos schémas de pensée enseignés ou selon nos propres expériences.
- Lâcher prise est une merveilleuse expérience, c'est un saut dans le vide à certains égards, mais c'est également écrire sur une nouvelle page blanche.
- Se déconditionner, c'est être innocents, libres de toutes traditions, de tous préceptes, de toutes opinions qui ne dépendent pas de nous.
- Le seul obstacle au changement est la peur (de l'inconnu, du rejet, de l'échec…).
- Se tromper fait partie de l'apprentissage, impossible de savoir ce qui est bon pour nous sans avoir expérimenté l'échec.
- L'objectif n'est pas de combattre un comportement conditionné, mais de le conscientiser pour l'abandonner et de se sentir libre de faire autrement, car tout ce que l'on combat sera renforcé. Il faut comprendre le phénomène.

V

Se déconditionner : penser pour et par soi-même

> La liberté de penser, et de mal penser
> et de penser peu, la liberté de choisir moi-même
> ma vie, de me choisir moi-même. Je ne peux pas dire
> d'être moi-même puisque je n'étais rien qu'une pâte
> modelable, mais celle de refuser les moules.
>
> Françoise Sagan, écrivaine française

Lorsque nous souffrons de situations qui se répètent, lorsque notre quotidien ne nous apporte pas de satisfactions, qu'avons-nous comme possibilité pour dépasser nos peurs, nos inhibitions, et nos conditionnements qui nous conduisent inexorablement vers une voie toute tracée ? Eh bien, la réponse se trouve en quelques mots simples :

« Ce qui dépend de moi. »

Il est certain que le pouvoir de changer est parfois limité, limité par les responsabilités familiales, par la nature, la justice, par la chance, certains diront (on voit pointer le conditionnement !). À bien y regarder, le pouvoir de savoir ce que la vie nous réserve semble tout aussi étroit, non ? On ne peut prévoir où va aller le monde, si l'on sera encore vivant tout à l'heure ou si le pot de fleurs de la voisine du 6e étage nous tombera sur la tête. Alors, oui, il faut être modeste sur l'étendue limitée de ses pouvoirs, en revanche, il est une chose qui ne dépend que de soi : c'est le désir. **Nous sommes les seuls à décider de ce qui est bon pour nous épanouir, nous sommes les seuls à décider ou non de nous contraindre, nous sommes les seuls à continuer à dire oui quand nous hurlons intérieurement non.** Ce qui est indiscutable reste la volonté, car, même avec l'esprit noué de règles, elle peut trouver un chemin pour se déployer : « Moi seul décide de ce que je veux. » La volonté demeure libre. **Même enfermée psychiquement dans des croyances induites, la volonté peut rester intacte, inébranlable. Cette volonté, c'est la sœur jumelle du libre arbitre. Ensemble, elles nous conduisent à penser seuls, puis à agir. Ce pouvoir, nous l'avons tous en nous.** C'est un secret. Un secret que l'on peut faire doucement exister à l'abri des jugements. Un secret du bonheur.

Reconditionner son cerveau et rompre avec ses schémas répétitifs du passé

Nos croyances reposent sur des habitudes. Autrement dit, sur des schémas de pensée enseignés depuis l'enfance. Nous apprenons à penser d'une certaine façon, à nous voir d'une certaine façon, à juger aussi d'une certaine façon. C'est notre conditionnement. Toute la difficulté réside dans la peur de sortir de ce qui nous semble être des évidences qui nous rassurent, mais qui ne sont en réalité que des carcans acquis. Nos patterns conditionnés se maintiennent donc grâce aux habitudes qui confortent, et cela même si elles ne nous rendent pas heureux.

Mais rêvons un instant. Supposons que, d'un coup de baguette magique, notre esprit bien formaté cesse complètement de penser selon ces schémas établis. De nouvelles interrogations vont apparaître. À la question « pourquoi je fume ? », il ne s'agira plus de lutter contre l'envie de fumer, mais bien de se demander si on en a vraiment envie ! Il n'y aura plus de combat contre certaines habitudes, mais des patterns que nous délaisserons tout simplement, car ils n'auront plus de sens. **Si le conditionnement cesse, l'habitude lâche et il n'y a plus de lutte à mener, seulement de nouvelles décisions à prendre.** Prenons le temps de réfléchir un instant à nos schémas répétitifs en partant d'une définition simple. Un schéma répétitif et conditionné est une situation et/ou une croyance qui nous fait souffrir, mais que nous reproduisons tout au long de notre vie avant d'en avoir conscience. Ces scénarios qui se répètent peuvent prendre différentes formes (schéma d'abandon, de provocation, d'agressivité, de rivalité, d'insécurité, de trahison, d'échec...), mais conduisent systématiquement aux mêmes sentiments, ceux d'impuissance et d'incompréhension. **Nous sommes alors comme prisonniers de comportements qui ne sont pas tout à fait les nôtres, mais que nous avons appris à jouer comme une partition de musique. Ces mises en scène seront inconsciemment rejouées tant qu'elles ne seront ni identifiées ni comprises.** Pour se reconditionner, il faut obligatoirement repérer ses schémas répétitifs.

Repérer les schémas répétitifs

La question centrale est de parvenir à identifier ce qui se rejoue régulièrement dans notre vie et qui nous éprouve. Quelles sont les attitudes, les situations, les pensées que nous déclenchons comme des automatismes et qui nous empêchent d'être pleinement nous-mêmes ? Ces schémas de pensée qui se répètent peuvent investir les différents aspects de notre vie : la sphère professionnelle (je ne me sens pas à la hauteur, progresser, c'est travailler toujours plus...), la sphère sociale (je dois rendre service pour que mes amis m'aiment, je pense être inadapté à la vie en société...), la sphère affective (je ne mérite pas d'être aimé, je dois me soumettre pour éviter le conflit et ne pas être rejeté...). Sans prendre conscience de ses croyances auxquelles nous avons été conditionnés, nous souffrons, mais nous risquons aussi de les transmettre à nos enfants qui à leur tour vont les intérioriser. En grandissant, ils risqueront de reproduire les mêmes comportements destructeurs, ceux auxquels nous avons cru et dont ils ont été les témoins. **L'intérêt d'identifier nos schémas dysfonctionnels est non seulement personnel, mais aussi de libérer nos enfants d'un poids qui ne leur appartient pas.** L'un des exemples les plus parlants est peut-être la reproduction de schémas amoureux. **Lorsque, dans une éducation toxique, nous avons été conditionnés à croire que nous ne valions rien, nous risquons de finir par accepter toute personne qui nous témoigne le moindre intérêt.** Cette mésestime de soi peut conduire à des rencontres elles-mêmes toxiques, engendrant de la souffrance. Sans cette prise de conscience, le danger est de tomber systématiquement sur le même type de profils de partenaires maltraitants qui

> Tant que vous n'aurez pas rendu l'inconscient conscient, il dirigera votre vie et vous appellerez cela le destin.
>
> Carl Gustav Jung, médecin psychiatre suisse

ne verront en nous que le besoin irrépressible d'être aimés, et ce à n'importe quel prix. Ces rencontres qui se répètent selon le même schéma ne sont pas le fruit du hasard, mais bien d'un pattern qui se reproduit au regard de notre conditionnement psychologique.

Il est fort probable qu'intérieurement une petite voix nous demande pourquoi nous ne faisons que rencontrer des personnes qui nous sont toxiques. Mais le combat semble si ardu, la croyance si enkystée que l'impuissance prend le dessus sur la prise de décision de partir. **La vérité, c'est qu'il ne faut pas se battre car, en se battant, on renforce son adversaire. Quitter un schéma dysfonctionnel répétitif, c'est avant tout en identifier les caractéristiques.** Voici les quatre critères théorisés par Jeffrey Young, psychologue américain et fondateur du Schema Therapy Institute [117] :

1. Les schémas apparaissent à un âge précoce de la vie (enfance et adolescence) et deviennent des références.
2. Leur validité est fondée sur une réalité, celle de l'environnement que nous connaissons et dans lequel nous avons évolué.
3. Ce n'est que bien plus tard, à l'âge adulte et au travers des interactions sociales, que le caractère dysfonctionnel de certains de ces schémas se manifeste.
4. Les schémas reproduits sont plus ou moins handicapants et source de souffrance.

Pourquoi répétons-nous les mêmes schémas ?

Relation toxique, amitié dysfonctionnelle, sentiment d'incapacité, fausse croyance, certains comportements et certaines idées font souffrir, mais nous les répétons. La question prend alors un autre tournant, une fois identifiés, pourquoi nos schémas conditionnés sont-ils si difficiles à déloger ?

La vie n'est parfois pas tendre. C'est un défi à de nombreux égards. Tout ce que nous traversons de complexe exige des réponses, des décisions, des prises de conscience limitées par nos inquiétudes, nos croyances, nos principes concernant ce qui « doit » être fait ou non et, bien sûr, nos conditionnements. Tout cela est une montagne qui peut paraître infranchissable, alors il y a en itinéraire bis le « confort ». **L'esprit cherche naturellement un état d'équilibre dans lequel il ne sera pas perturbé. Un état de paix relatif. Il ne faut pas s'y méprendre, cette « paix » dit en réalité « je ne me sens pas les ressources d'être dérangé par des remises en question ».** Si, au contraire, il devient possible, parfois avec l'aide d'un psychologue, de comprendre que l'esprit a la force de se confronter à ces problématiques personnelles, qu'il peut y répondre, réagir, changer pour trouver un nouvel amarrage sécurisant, alors le changement sera possible. Pas besoin d'attendre un choc pour élaborer son conditionnement et ses schémas de répétition, la route peut être pacifique et riche en apprentissages.

Après avoir repéré ces conditionnements de la pensée, s'en détacher reste souvent compliqué. Pourquoi ? Parce que nous cherchons la stabilité, et ce qui nous est familier, bien que dysfonctionnel, est maintenu. Nous vivons tous, à des degrés différents d'inconfort, l'incertitude. L'habitude, elle, nous sécurise. Changer d'état d'esprit en abandonnant ce que l'on pensait réellement être peut s'avérer être insécurisant, car chaque expérience devient nouvelle. Pourtant, repartir de la page blanche, c'est s'affranchir de ses programmations.

Lorsque l'on se construit sur la base de conditionnements négatifs depuis l'enfance, remettre en question ce qui semble nous constituer n'est pas une mince affaire. Prendre conscience de ce que nous ont transmis nos parents, par exemple, peut être encore moins facile que de continuer à reproduire ce que nous faisons depuis toujours. L'enfant que nous avons été se retrouve sans repères, et notre loyauté à l'égard de ceux qui nous ont (mal) aimés est mise à rude épreuve. Dès lors, **développer son libre arbitre peut être vécu comme une trahison, un affront, entraînant son flot de pensées négatives (qui, elles-mêmes, nous ont été inculquées).** Il va falloir sortir du jugement acerbe que l'on se porte, affronter ses blessures, faire face à la culpabilité pour imaginer se réinventer selon ses besoins, ses envies, ses valeurs propres. C'est un processus jalonné de défis et de conflits psychiques internes. À la lumière de cette quête de stabilité assortie de la peur du changement, et si nous reprenons l'exemple du partenaire amoureux, le choix du conjoint, aussi toxique soit-il, n'est plus un hasard. Des facettes de la personne « choisie » disent quelque chose de ce que nous pensons de nous-mêmes et de ce que nous pensons être bon pour nous. Par exemple, une jeune fille qui aurait grandi sous les coups d'une figure paternelle violente et humiliante, ayant intégré par soumission qu'elle ne méritait que cela, aura le risque d'être conditionnée à chercher chez son futur compagnon ce qui viendra valider ses croyances depuis petite : qu'elle ne mérite que de souffrir, car elle ne vaut pas mieux, que sa relation avec un homme ne pourra ressembler qu'à cela. **Le schéma est répété, car il est familier, et, au moment où le conditionnement s'enclenche, il semble impensable de penser autrement.** La femme n'est pas amoureuse de son conjoint violent, elle rejoue en réalité son schéma, elle extériorise son conditionnement interne. Sans un travail psychologique de compréhension, il est également fort probable que ce schéma relationnel soit reproduit à plusieurs reprises, voire tout au long de sa vie. **L'exercice d'introspection devient la condition sine qua none d'une libération de l'esprit.**

> Les schémas sont à l'origine de cet ancrage puissant d'agissements incompatibles avec la réalisation de notre vrai moi.
>
> Jeffrey Young, psychologue américain

POUR ALLER PLUS LOIN [118]

Voici quelques éléments d'histoire et de compréhension supplémentaire sur la notion de schéma en psychologie : Emmanuel Kant, éminent philosophe, énonce dès le XVIIIe siècle dans ses écrits que l'homme traite les informations selon des a priori qui conditionnent la vision du monde dans lequel il évolue. Henri Head, neurologue anglais, localise, quant à lui, en 1911, la zone du cerveau qui assure l'image du corps ; et donc la représentation que l'on a de soi. Il fera partie des médecins chercheurs qui introduiront le terme de « schéma » pour désigner les aires cérébrales supports de l'identité. Puis les psychologues s'empareront du concept en définissant les schémas comme « des croyances construites selon une expérience vécue ». En 1929, Alfred Adler, médecin et psychothérapeute autrichien, est le premier à décrire les « schémas cognitifs ». Il parle de « schéma d'aperception », c'est-à-dire de « conscience », pour les convictions personnelles, celles sur le monde, et les convictions éthiques. Aaron Temkin Beck, psychiatre américain et professeur émérite de l'université de Pennsylvanie, utilise, quant à lui, le terme de schéma sur son ouvrage sur la dépression pour développer les fondements des principes de la thérapie cognitive [119]. Les travaux de Jean Cottraux, l'un des psychiatres français qui ont contribué à introduire l'approche cognitivo-comportementale en thérapie, ainsi que Jeffrey Young, résument le modèle des schémas de la façon suivante [120] :

1. Les schémas représentent des interprétations personnelles subjectives et automatiques de la réalité : ils traitent donc l'information de manière inconsciente.

2. Ils influent et nous conditionnent sur les stratégies individuelles d'adaptation et sur nos comportements.
3. Ils se manifestent par des distorsions cognitives ou des biais de pensée. En clair, ce sont des « préjugés » ou des « attitudes dysfonctionnelles ».
4. Les schémas précocement acquis façonnent la personnalité.
5. Ils se traduisent par un défaut de libre arbitre, c'est un conditionnement de la pensée qui ne connaît pas la subjectivité.
6. Certains troubles psychiques résultent d'interprétations inadaptées ou de fausses croyances concernant soi-même.
7. Les schémas entraînent une attention sélective vis-à-vis des situations qui les valident, ce qui contribue à les renforcer.
8. Les schémas dysfonctionnels de pensée sont des structures adaptées à un certain moment, qui deviennent inadaptées à l'âge adulte.
9. Les schémas sont des patterns comparables à des étiquettes auxquelles nous nous identifions, nous enfermant alors inconsciemment dans des rôles au lieu d'adapter et de moduler nos comportements au fur et à mesure de nos expériences.

Conscientiser et mettre des mots

> Ceux qui n'apprennent rien
> des faits désagréables de leurs
> vies forcent la conscience […]
> à les reproduire autant de fois
> que nécessaire,
> pour apprendre ce qu'enseigne
> le drame de ce qui est arrivé.
> Ce que tu nies te soumet.
> Ce que tu acceptes te transforme.
>
> Carl Gustav Jung,
> psychiatre suisse
> et fondateur de la
> psychologie analytique

La première étape, nous l'avons déjà évoquée, consiste à prendre conscience de nos patterns. **Prendre conscience du fait que nous renouvelons systématiquement des situations similaires, nous demander s'il n'y aurait pas là une leçon à tirer et accepter de regarder à l'intérieur de nous-mêmes, car ce que nous fuyons nous poursuivra irrémédiablement.**

Je sais que le travail n'est pas simple. Lorsque, après plusieurs séances de consultation, un patient se rend brusquement compte que ce qu'il pensait faire ou penser avec libre arbitre ressemble en réalité à un scénario qui se répète ; et lorsque, ensuite, il relie ses comportements à son éducation, à un traumatisme, à une histoire familiale, le choc est parfois brutal. S'ensuit souvent une période durant laquelle le désarroi n'est pas loin. Le patient se demande si finalement il a réellement lui-même fait des choix ou s'il n'a fait que jouer un rôle auquel il aurait été assigné depuis son enfance. Ai-je vraiment voulu faire passer le travail avant la famille ou suis-je la concrétisation de ce que mon père n'a pas pu faire ? Ai-je vraiment aimé cette personne ou ai-je fondé la famille dont ma mère rêvait tant ? Suis-je vraiment si agressive qu'on veut bien me le dire ou est-ce plus facile pour tout le monde de me mettre sur le dos la responsabilité des conflits ? Eh bien, oui… ces questions sont légitimes, et la réponse est parfois oui. Nous ne sommes pas coupables de ces scénarios que nous avons fait exister et qui finissent par nous faire souffrir. Nous avons été conditionnés comme cela, et ces comportements nous étaient familiers. En revanche, la responsabilité de changer est entre nos mains, et personne ne le fera à notre place. **Le travail d'introspection depuis l'enfance se révèle nécessaire, car il apportera de nombreux éclairages.** C'est en comprenant dans quel contexte nous avons évolué qu'il sera possible de conscientiser ce qui a été projeté comme attente, colère, dysfonctionnement durant notre éducation. C'est à la lumière de tous ces éléments que l'on pourra comprendre comment se sont façonnées nos croyances sur nous-mêmes et sur le monde qui nous entoure. Examiner le couple parental, par exemple, amène à saisir ce qui se joue dans nos relations amoureuses. Attirer l'attention sur la manière dont on s'est adressé à nous, avec respect ou humiliation, permettra d'ouvrir les yeux sur les postures que l'on adopte vis-à-vis de l'autre. Connaître l'histoire de sa famille, c'est concevoir les enjeux que l'on a pu faire reposer sur nos épaules. Tout cela doit se mettre en mots avec l'aide d'un spécialiste, car nos mécanismes de défense nous protégeront toujours de voir enfin ce qui a pu être toxique ou dysfonctionnel. L'exercice sera par moments douloureux, car on pourra apprendre qu'un coup n'était pas une « correction », mais de la maltraitance, qu'un regard malveillant n'était pas de la fatigue, mais du mépris, qu'une note à l'école n'était pas qu'un résultat, mais un enjeu, qu'un « tu n'es pas capable » est un tatouage qui conduit plus tard à ne jamais essayer. Cela implique de faire le deuil de certaines croyances à l'égard de ce qui nous a été inculqué, mais, l'enjeu étant de se réaliser, le travail en vaut la chandelle. **Passé le temps de la conscientisation et des heures de réflexion, où l'on aura le sentiment de remettre en question l'ensemble de notre existence, le temps de l'apaisement prendra doucement place. Les mots nous auront soignés, car ils auront permis de nommer les choses**

pour ensuite, instinctivement, trouver des solutions et nous délester des poids du passé. La parole permet également une meilleure gestion des émotions, des ressentis. Par l'expression de nos perceptions et de nos affects associés, il devient plus facile de réguler certaines émotions trop envahissantes pour ne pas nous figer et continuer la recherche de sens et de solutions. On peut difficilement vivre à la fois une émotion (plus ou moins intense) et, en même temps, en comprendre la portée en donnant du sens. Un cadre spécifique, thérapeutique, s'avère donc souvent nécessaire : pour recevoir de l'aide et apporter l'attention nécessaire aux comportements anodins, qui sont en fait des conditionnements dysfonctionnels, pour prendre conscience des schémas que l'on répète, pour les accepter, pour se remettre en question, pour extérioriser sans être jugé, enfin, pour se responsabiliser et évoluer. **L'enfant intérieur blessé ne doit plus être aux commandes et nous devons nous installer dans l'adulte responsable**, acteur de sa vie qui pourra dire à haute voix : *je peux rompre avec mes schémas, je peux rompre avec cette construction de moi fondée sur la peur ou certaines croyances. Je veux sortir de l'obscurité de ce que je ne conscientisais pas pour aller vers la lumière, exister par moi-même, aimer à ma façon.* **C'est ce chemin que l'on doit emprunter si l'on veut connaître un jour le bonheur.**

POUR ALLER PLUS LOIN

Diane Dreher est professeure et chercheuse en psychologie à l'université de Santa Clara en Californie. Elle a travaillé, sur la base des neurosciences, sur le bénéfice de parler pour se sentir mieux et réussir à trouver des solutions [121]. Dans son article publié en 2019, elle rappelle qu'évoquer nos problèmes et verbaliser, exprimer nos sentiments négatifs est une source de soulagement depuis des siècles. Dans différentes formes de psychothérapie, de la psychanalyse aux approches cognitivo-comportementales (TCC), la composante essentielle est le lien de confiance entre le patient et son thérapeute qui le soutient dans sa démarche de révélation. Les résultats d'une étude datant de 1988, et publiés par l'Association américaine de psychologie sur les bénéfices de la psychothérapie, ont validé scientifiquement que le fait de parler de nos problèmes et de partager nos émotions négatives, avec quelqu'un en qui nous avons confiance, réduit les symptômes anxieux, renforce le système immunitaire et diminue significativement la détresse physique et émotionnelle [122]. Écrire sur nos problèmes est une autre façon de libérer la douleur émotionnelle et d'acquérir une plus grande compréhension de son histoire. Le psychologue James Pennebaker a découvert, en 1997, qu'écrire sur nos expériences traumatiques améliore notre santé mentale et aide à la recherche de solutions. La théorie est que garder pour soi des événements douloureux, ou que l'on ne comprend pas, augmente le risque de troubles psychiques et physiques et que le travail de compréhension de soi (qu'il soit verbalisé ou écrit) soulage du stress et du risque de dépression [123]. Révélant pourquoi la verbalisation aide à appréhender notre fonctionnement et ainsi à guérir notre douleur émotionnelle, les études en neurosciences des chercheurs Matthew Lieberman, en 2016, et David Silbersweig, en 2012, expliquent que bloquer nos sentiments réduit l'activation de la zone du cerveau (le cortex préfrontal) qui traite du langage et du sens. En ne verbalisant pas autour de ce qui nous affecte, nous ne pouvons qu'engager avec grande difficulté le travail de compréhension de notre histoire personnelle [124]. Pour comprendre, il faut donc parler.

Conseiller de mettre en mots semble simple mais, en tant que psychologue, je sais à quel point la demande d'aide peut s'avérer difficile. Il faut beaucoup de courage pour reconnaître que l'on ignore quelque chose, que l'on a peur de ce que l'on peut découvrir, de porter un nouveau regard sur le passé. La psychothérapie peut réveiller des émotions réprimées par notre éducation, par exemple : « un homme ne doit pas pleurer », « une femme ne doit pas se mettre en colère ». En nous normant, nous cherchons à paraître bons et conformes. Nous voulons sembler tels qu'on nous a imaginés mais, en jouant ce rôle, c'est à côté de nous-mêmes que nous passons. Nous perdons de vue notre liberté de pensée, peut-être même notre réelle identité. Psychiquement, il serait tellement plus confortable d'accepter d'être qui nous sommes, de ne plus réprimer ce que nous ressentons et de ne pas avoir peur de dire « non, ça, ce n'est pas moi ». **Paradoxalement, c'est en acceptant de reconnaître nos difficultés que nous**

faisons preuve de force. Parler de soi et de ses difficultés, ce n'est pas être fragile, c'est être sensible. La différence est abyssale. En revanche, refouler ce qui nous fait souffrir en refusant de voir en face des schémas dysfonctionnels dans notre façon de nous comporter nous ébranle, car avec le temps la confiance en soi s'étiole.

Personne ne peut prétendre à la perfection, nous sommes des êtres faillibles. Tout le monde a, un temps, besoin de « parler ». Le fait de croire que tout se comprend et se résout seul peut baigner d'illusions et retarder un bénéfique travail d'introspection. Le psychologue n'est pas une solution, c'est un guide pour avancer sur le bon chemin. Celui que l'on a parfois peur de prendre, mais qui a vocation à nous mener au centre de nous-mêmes. Reconnaître qu'il est compliqué de faire ce travail seul est une étape primordiale, c'est le début d'une prise de conscience qu'il y a une réflexion à entreprendre et que sans accompagnement nous risquons de prendre des impasses. C'est d'autant plus vrai dans le travail de déconstruction des conditionnements qui demande de revoir de fond en comble ce que nous pensions être des vérités. **Si, au moment de pousser la porte d'un cabinet de psychologie, la première pensée que vous éprouvez est la faiblesse, commencez par vous demander qui vous murmure cela à l'oreille. Qui vous trouverait faible ? Pourquoi ? Ce sera le début de votre déconditionnement.** En allant consulter un psychologue parce que vous en ressentez le besoin, vous vous prouvez seulement que vous êtes

> Je dis simplement qu'il faut tout mettre en œuvre pour parvenir à tirer profit, même de la situation la plus destructrice. J'insiste sur les épreuves parce que celles-ci restent inévitables. Rien ne sert de discourir, d'épiloguer des heures durant sur la souffrance. Il faut trouver des moyens pour l'éliminer, [...] l'accepter, lui donner sens.
>
> **Alexandre Jollien, philosophe français**

responsable de vous-même et que c'est à vous qu'incombe le devoir de prendre soin de vous. **Souvenez-vous, la faiblesse n'est pas une émotion. C'est un état d'esprit que l'on nous a inculqué comme péjoratif.**

Accepter de lâcher prise

> Parfois, lâcher prise est un acte plus puissant que se défendre ou s'accrocher.
>
> Eckhart Tolle, écrivain canadien

Parfois, nous sommes impuissants. Certaines choses ne dépendent pas de nous et nous ne pouvons pas réécrire le passé. Accepter cela nous apprend ou nous rappelle qu'il est impossible de vouloir tout contrôler. Malgré tout, il faut grandir, relever la tête, se construire autrement. Il faut « lâcher prise ». C'est du moins ce que nous avons tous déjà lu ou entendu, alors parlons-en. Au début du *process*, il y a ce qu'on refuse de laisser, la « prise ». **Cette prise que l'on refuse d'abandonner, comme si réellement toute son existence en dépendait, s'appelle l'ego, et cette image de soi que l'on refuse de quitter se paye au prix fort.** Rester tel qu'on nous a formatés, ne pas se lancer dans de grands changements, permet d'une certaine manière d'éviter sa part personnelle de travail à faire : *j'évite de me fragiliser, je reste tout-puissant dans mes croyances dysfonctionnelles, même si elles me font souffrir.* Eh oui, travailler sur soi a un coût, ce n'est pas simple. Il faut apprendre à renoncer. Car lâcher prise, c'est abandonner des illusions sur notre histoire. Nous avons tous déjà passé du temps à ruminer notre vie à grands coups de *si les choses avaient été ainsi, tout aurait pu être comme cela.* Nous ressassons le passé, nous vagabondons dans l'avenir, mais aucune pensée n'est dans l'« ici et maintenant ». Pourtant, nous pouvons objectivement tous en convenir, il est

> La vie, c'est ce qui vous arrive pendant que vous êtes occupé à faire d'autres projets.
>
> **John Lennon, auteur, compositeur, interprète britannique des Beatles**

impossible d'être ailleurs qu'ici à un autre moment que maintenant. Passé comme futur n'existent qu'en pensées dans l'actuel, là où je suis maintenant. Attention, lâcher prise, ce n'est pas se résigner, c'est concevoir et accepter certaines limites pour mieux agir sur ce qui vaut le coup. **En renonçant à contrôler un avenir que je ne connais pas, un passé que je ne peux pas rejouer, je me consacre au seul véritable pouvoir que j'ai, ma seule responsabilité : l'instant présent, qui certes prépare l'avenir, mais ne garantit rien.**

Lorsque l'on est arrivé à un stade de compréhension de ce qui nous a construits, nous conditionne, nous fait agir, lorsque la prise de conscience des souffrances, des incompréhensions, des schémas répétés est nette, alors il est important de pouvoir se défaire de certaines choses. Se libérer en abandonnant un peu du nous programmé, pour clore un chapitre. Ce n'est pas du déni, loin de là. **C'est une façon de libérer de la place, de faire le ménage avec ce qui a été bien compris, de changer de disque, pour cesser d'être ce que l'on a été et devenir qui l'on est.** Pour lâcher prise, il ne faut pas attendre de garantie. C'est un pari sur le mieux, et, pour cela, il faut être prêt. **C'est peut-être, en définitive, le début de la confiance en soi !**

Alors, en quoi consiste le « lâcher-prise » ? Probablement à avoir la capacité de modifier son regard sur une situation, de s'ouvrir à l'imprévu et de cesser de se battre sans cesse. Sûrement aussi à pardonner, à accueillir, à faire le deuil de ce que l'on pensait savoir vrai et éternel pour retourner à un état d'apprentissage. Entretenir des révoltes et des colères inépuisables à l'encontre de ce qui ne peut s'écrire différemment (un trauma, une éducation, une relation toxique…) risque d'emprisonner des affects négatifs. Ces pensées dysfonctionnelles font souffrir, car elles disent à bas bruit : *tu as échoué*. Elles tordent la réalité. Par exemple, la culpabilité, qui conduit à penser que nous aurions « dû » faire autrement par le passé nous empêche de décrocher de l'idée que nous avions en quelque sorte le contrôle sur la situation et que tout aurait pu/dû l'éviter. Non seulement nous surestimons notre pouvoir, ce qui engendre de la déception et de la perte d'estime de soi, mais nous oublions par la même occasion qu'il est impossible de revenir en arrière. Le combat contre les cognitions négatives est donc perdu d'avance. C'est de la torture mentale. Si l'on prend le manque de confiance en soi et le fait de douter en permanence, le risque devient de s'en remettre à l'autre, que l'on estime sachant davantage. Nous entretenons alors l'idée que nous n'avons aucune valeur, que nous ne sommes pas importants, nous abdiquons, en somme. **L'estime de soi est donc l'une des clés du lâcher-prise**, car il faut croire en soi pour quitter la lutte. Le danger des pensées dysfonctionnelles, c'est qu'elles deviennent ce qu'on appelle des « croyances fondamentales ». Autrement dit, des fausses croyances à notre sujet, que nous absorbons comme des définitions de notre personnalité, mais qui ne sont que des perceptions d'autres qui nous entourent. Nous finissons par voir l'avenir au travers de ces chimères qui nous susurrent à l'oreille ce que nous faisons de bien, ce que nous faisons de mal, à quel point nous ne sommes pas capables… de lâcher prise pour faire ou penser autrement. **Les croyances fondamentales sont tellement anciennes et ancrées depuis l'enfance que nous ne les voyons même plus comme des conditionnements de la pensée. Elles sont**

> Il n'y a rien à réussir, il n'y a qu'à agir de notre mieux. Puis lâcher tout cela, pour respirer, sourire, et vivre.
>
> Christophe André, psychiatre français

devenues des évidences : *tout le monde doit m'apprécier et m'aimer, je dois réussir tout ce que j'entreprends ; l'échec, c'est pour ceux qui ne s'en donnent pas les moyens ; j'existe si l'on admire mes choix même si j'en souffre ; je dois être performant ; je dois supporter, endurer ; je mérite les difficultés que je traverse.* Chacun saura allonger cette liste.

Pour lâcher prise, il faudra donc accepter de ne pas (ou plus) correspondre à ce qu'attendent les autres de nous, de ne plus nous conformer à des critères ou à des valeurs qui ne sont pas les nôtres, d'oser, quitte à déplaire. Il faudra abandonner l'image que l'on nous a apprise à refléter, arrêter de se soucier de l'avis des autres avant le sien, apprendre à déranger. Ne plus combattre « contre » ou vouloir « pour », c'est enfin se donner les chances d'accéder d'un peu plus près au bien-être. Cela peut sembler paradoxal, pourtant **c'est en se libérant des injonctions qui créent la dépendance que l'on accède au vrai soi. L'authentique soi déconditionné. Les gens, les règles, les choses ou les conditions dont nous pensons avoir besoin pour être heureux sont en nous.**

À VOUS DE JOUER

Voici cinq techniques pour apprendre à lâcher prise. Il n'y a pas de règles, il faut essayer, échouer, tenter une autre approche pour pouvoir in fine se constituer sa trousse à outils. Celle qui permettra de mener les bonnes réflexions pour parvenir à quitter la partie quand il le faut et laisser les croyances limitantes prendre le large.

1. La cohérence cardiaque : à l'instar de la sophrologie ou de la méditation, la cohérence cardiaque est un outil idéal pour apprendre à lâcher prise et éviter de sombrer dans les ruminations. Si le monde actuel nous impose un rythme effréné, il est important de prendre le temps de souffler, de respirer quand un problème devient une obsession. Imaginez repousser les pensées anxiogènes à chaque expiration, puis inhaler de la paix en retour, de manière continue et sans bloquer la respiration. L'objectif est, durant quelques minutes, idéalement 3 fois par jour, d'abaisser son rythme cardiaque pour ralentir physiologiquement et par voie de conséquence ralentir la pensée. Le taux de cortisol, fameuse hormone du stress, diminue, facilitant le lâcher-prise. Pour que la respiration soit abdominale, imaginez un ballon dans votre ventre que l'on gonfle et dégonfle au rythme du souffle. Vous pouvez vous aider en comptant comme cela : 1, j'inspire – 1, j'expire ; 2, j'inspire – 2, j'expire, et ainsi de suite jusqu'à 10. Si vous vous perdez dans vos pensées, recommencez à 1.

2. Les images mentales : malgré nos efforts pour ne pas tomber dans le piège des pensées dysfonctionnelles, nos ruminations nous conduisent vers les pires scénarios. Il n'y a qu'à voir lorsqu'en pleine nuit l'insomnie nous tiraille avec son flot de colère, voire de rage, et que tout disparaît au lever du jour. L'exercice consiste donc à se mettre consciemment en situation de ne pas se faire phagocyter par le côté obscur de la force. Au moment où l'on plonge, l'objectif est de dégainer l'antidote : l'image du bonheur. Fermez les yeux et reconvoquez un moment de joie avec ses odeurs, ses émotions, ses couleurs. La naissance d'un enfant, un événement heureux entouré de ceux qu'on aime, un voyage idyllique, un souvenir avec un être cher. Se remémorer de bons moments trompe en quelque sorte le cerveau. Il changera rapidement d'état

d'esprit, nous permettant de passer de l'amertume à l'apaisement nécessaire pour prendre la bonne distance.
3. Créer des rites : pour se séparer de ce qui nous fait mal, ou prendre la décision de lâcher prise, il faut parfois des symboles. Ces symboles ne sont ni des preuves ni des oracles, ils sont une façon d'illustrer un changement. Incarner une prise de décision. Chacun pourra réaliser le rite qui lui parle le plus, mais en voici quelques exemples : écrire une lettre concernant ce que l'on ne souhaite plus vivre, puis la jeter ; se récompenser d'avoir pris une décision en s'offrant quelque chose de réconfortant ; s'accorder du temps, seul, pour réfléchir à ce que l'on décide de quitter et s'en féliciter ; choisir un objet qui représente le passé que l'on souhaite laisser derrière nous et le mettre dans une boîte ; se regarder bien en face dans le miroir et se dire « aujourd'hui, je lâche enfin prise ».
4. Faire une balance décisionnelle : la balance décisionnelle est un bilan des « pour » et des « contre » dans le choix d'apporter ou non un changement. Cet exercice consiste à nous focaliser sur la direction à prendre dans le cadre d'un processus d'amélioration du bien-être, voire du lâcher-prise dans notre cas. Imaginez une balance qui comporte deux plateaux. Le plateau de gauche contient toutes les pensées limitantes qui nous maintiennent dans un statu quo et empêchent le changement (« c'est trop dur », « je ne suis pas capable », « je dois me battre pour gagner », etc.). Ce plateau est souvent rempli à ras bord, contrairement au plateau de droite. Ce dernier doit contenir nos convictions concernant un changement, ce qui nous motive ; le lâcher-prise, par exemple. Souvent, les deux plateaux de la balance décisionnelle nous figent dans un état d'ambivalence, car nous désirons à la fois

changer et fermer les yeux. Pour aider à la prise de décision, il nous faut donc remplir ce fameux côté droit du plus grand nombre possible de raisons d'engager une mutation. Cet exercice peut s'avérer être une précieuse aide dans n'importe quel changement à amorcer. Alors, prenez le temps qu'il faudra pour le remplir en suivant la consigne : d'un côté, dans la colonne de gauche (le statu quo), notez tous les avantages que vous avez à ne rien modifier et tous les inconvénients que vous auriez à vous transformer. De l'autre côté (le changement positif), notez tous les avantages à changer et tous les inconvénients que vous auriez à rester tel quel.

Balance décisionnelle

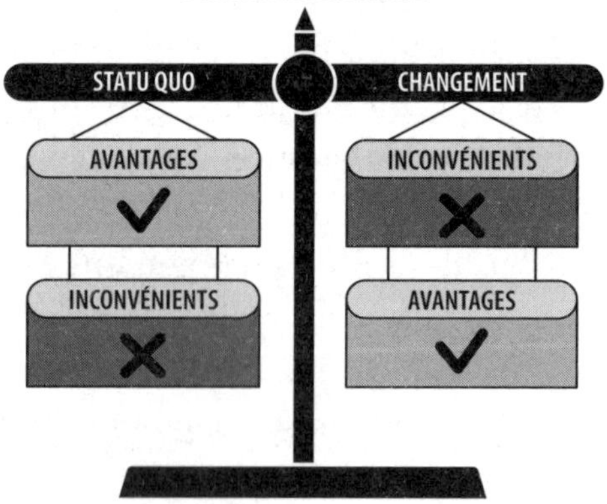

5. **Méditer** : quand le passé nous retient et que l'avenir nous apeure, il est difficile d'être dans le moment présent. Pour lâcher prise, nous l'avons compris, il faut accepter les choses telles qu'elles sont, sans jugement, sans résignation. Pour cet exercice d'équilibriste, la méditation en pleine conscience s'avère être une alliée particulièrement précieuse. Elle consiste à porter une attention spéciale à ce qui se passe, à l'instant où cela se passe et

rien d'autre. Le concept semble simple, et pourtant vous verrez à quel point vos ruminations vous rattrapent. L'objectif est donc que les pensées négatives perdent en puissance, et qu'il soit possible de les observer sans souffrance. Cet état mental favorise l'apaisement en régulant les émotions. Pratiquer régulièrement la méditation de pleine conscience permet de remettre les choses à leur place. De donner de l'importance à ce qui le mérite ou de lâcher prise lorsqu'il n'y a plus d'intérêt à persister. Pour ce faire, installez-vous en position assise ou allongée et fermez les yeux. Respirez calmement. Ressentez l'inspiration, l'expiration, l'air qui passe dans vos narines et qui entre dans vos poumons, les mouvements de votre ventre... Si des pensées vous distraient, accueillez-les, mais ramenez-vous immédiatement à votre respiration. Prenez conscience de votre corps, scannez-le de la tête aux pieds en interrogeant vos sensations, vos douleurs... La méditation demande une certaine pratique. Elle apporte ses bénéfices avec le temps et un peu de régularité dans la pratique. Il existe pour cela des applications qui aident en accompagnant vocalement l'exercice [125].

Assumer : l'authenticité comme clé du bonheur

LES ANNÉES PASSENT...

J'ai décidé de m'assumer petit à petit face à mes parents et à mes proches. J'ai commencé à faire mes choix, des choix « différents ». J'ai osé être en désaccord et tenir bon. J'ai appris à dire « non ». Ça n'a pas été facile, c'est le moins qu'on puisse dire. J'avais encore cette croyance tenace qui me disait qu'on ne m'aimerait plus si je prenais un autre chemin. Je n'avais pas encore compris à ce stade que l'amour pouvait être inconditionnel. Que je ne serais pas forcément puni d'être moi, enfin. J'ai annoncé à mes parents que je prévoyais de faire une reconversion professionnelle qui allait être à l'opposé de mes études et de mon métier actuel. J'avais peur qu'ils ne l'acceptent pas. Qu'ils ne me soutiennent pas au point de me rejeter. En définitive, j'ai été surprise de voir que mes parents et mon entourage me soutenaient. Il y a eu des incompréhensions, des questions, des mises en doute, mais rien qui ne me fasse céder. C'est moi qui devais décider de ma vie. Finalement, la peur cesse lorsqu'on la tolère. J'ai peur, c'est vrai, mais c'est tout. Et, pendant ce temps, j'avance.

Comment assumer qui l'on est ? Assumer ses décisions, sa personnalité, ses opinions. Pour certains d'entre nous, il s'agit d'un acte courageux. Accepter la personne que l'on est constitue une forme de respect. Respect envers soi-même, car agir selon les autres au point d'en souffrir est loin d'être un gage d'amour-propre. C'est aussi un signe de confiance envers l'autre et sa capacité à nous accepter dans notre singularité. Les conditionnements qui nous ont façonnés nous ont appris à nous mouler, pas à nous interroger, et ce n'est pas facile de faire preuve d'authenticité dans ces conditions. Nous sommes formatés à des « moi » étriqués dans de petites boîtes standardisées. On a beau se sentir limité, on a beau étouffer, la culpabilité de faire exploser le moule prend souvent le dessus. **Alors, s'épanouir professionnellement, cultiver de nouvelles amitiés, trouver le véritable amour, être bien dans son corps, autant d'enjeux qui nécessitent un minimum d'estime de soi.**

Renier son passé, c'est se tronquer. L'assumer en le dépassant fait du destin une destinée.

Marcel Mélançon, médecin et philosophe canadien

S'assumer, c'est à la fois la source et la conséquence de nos pensées et de nos actes. C'est à la fois une description de notre personnalité propre et la façon dont nous entrons en interaction avec les autres. Voici quelques conseils visant à s'assumer davantage tel que l'on est :

Prendre de vraies décisions

Si l'on regarde la définition du verbe « assumer », on trouve : prendre à son compte, accepter consciemment. Assumer les conséquences de ce que l'on est, c'est admettre que chacun de nos choix et de nos décisions nous incombe. Autrement dit, c'est devenir responsable de soi, et ce n'est pas toujours facile. Combien de fois nous justifions-nous avec ces phrases toutes faites : *ce n'est pas ma faute, ou je n'ai pas appris à, etc.* Décider et assumer, c'est prendre en main sa vie. À l'inverse, rester indécis, c'est vivre avec la peur de ne pas faire le bon choix ou de ne pas être légitime de prendre une nouvelle voie. Bref, décider, c'est choisir ce qui a du sens pour soi, c'est être capable d'exprimer ses préférences, ses goûts, sa façon de penser. En psychologie, on parle d'« autodétermination ». Cette capacité à faire des choix procure un sentiment d'autonomie et de motivation intrinsèque. **On apprend à faire les choses parce qu'on le souhaite, et pas pour répondre à une demande externe. C'est précisément ce qui renforce le sentiment de reprise en main, favorable à l'estime de soi.**

> Tout le bouddhisme est basé sur la possibilité de se libérer de la souffrance, de s'en libérer par soi-même et d'être seul capable de s'en libérer.
>
> **Alexandra David-Néel, écrivaine et bouddhiste française**

Faire la différence entre sa personnalité et ses capacités

Nous évaluons notre estime de nous de façon globale, ce qui nous cause parfois du tort. **En réalité, il faut tâcher de différencier l'évaluation que nous faisons de notre propre personnalité**

> Ce qui distingue l'autodidacte de celui qui a fait des études, ce n'est pas l'ampleur des connaissances, mais des degrés différents de vitalité et de confiance en soi.
>
> **Milan Kundera, écrivain tchèque**

des compétences dans d'autres domaines. Par exemple, je peux avoir des valeurs humaines notables (le respect, l'entraide, la solidarité...) et être complètement nul en mathématiques. Privilégier cette appréciation plus fine permet de ne pas nous dévaluer sous prétexte de certaines incapacités qui ne nous définissent pas. Nous ne sommes pas que des compétences chiffrées, et ce n'est pas parce que nous avons toujours entendu dire à notre sujet que nous n'étions pas « doué » pour les études que nous n'avons pas les facultés de réaliser nos rêves. Il y a les compétences sociales, l'intelligence émotionnelle, les notions de fidélité, de conviction et d'engagement qui contribuent pleinement à s'assumer et à croire en soi.

Apprendre à dire non

Savoir dire non, ce n'est pas se fermer aux autres, car il est possible d'oser être soi-même tout en continuant d'être attentif aux autres. Savoir dire non, c'est apprendre à dire oui à ce qui est bon pour soi et refuser le choix systématique de répondre aux besoins de ceux qui nous entourent. **Dans cette posture d'ouverture à soi, l'objectif est de différencier les sollicitations dont l'intérêt ne nous sert pas de ce qui nous permet de rester connectés à notre bien-être.** Si l'exercice semble difficile, il ne l'est en réalité pas. En s'accordant suffisamment d'importance, il suffit de se fier à son intuition. Combien de fois nous sommes-nous déjà dit, *je savais que je n'aurais pas dû dire oui.* Mais notre éducation, nos réflexes de bon élève qui veut satisfaire, d'enfant qui veut plaire nous pousse à accepter à peu près tout, car nous avons peur de blesser. Pour beaucoup, dire non,

> Heureux et libre est celui qui ose dire non !
>
> **Peter de Genestet, écrivain hollandais**

c'est dire « je ne t'aime pas ». En réalité, c'est s'écouter et entendre ce qui est bon pour nous. Lorsque **le « soi » véritable nous dit de refuser quelque chose, il faut apprendre à l'entendre, car, à force de ne pas nous écouter, c'est à nous que nous disons « je ne t'aime pas »**. Rappelons-nous que nous disons « non » à une demande, pas à une personne. Que lorsque que l'on formule un « non » à quelqu'un ou à quelque chose, c'est à soi-même que l'on dit « oui », la raison, c'est soi.

Arrêter de se juger

Lorsque l'on souffre d'une mauvaise estime de soi, les pensées automatiques sont des jugements sans appel. Elles déforment la réalité à l'image de nos conditionnements psychologiques (*tu n'es pas capable, tu ne mérites que cela, tu as vraiment un problème...*), nous pointant comme responsables de tous les maux qui nous arrivent. Le but est donc d'avoir le plus possible recours aux pensées rationnelles, pour contrebalancer les ruminations négatives toxiques. Vrai challenge dans les premiers temps, l'exercice sera de plus en plus facile à terme. Par exemple, dans le cas d'une pensée fugace telle que « je suis vraiment nul », l'objectif est de nous demander si c'est bien notre voix qui nous parle ou celle d'un parent, d'un patron, d'un enseignant ? Est-ce que cette autocritique est constructive, ou simplement le fruit d'un dénigrement avec lequel je suis familiarisé depuis longtemps ? Il est également possible de se confronter à la réalité, car, à l'épreuve des faits, les opinions infondées cèdent vite. Interroger un proche, engager un travail avec un psychologue permettra de faire la part des choses entre la pensée automatique programmée et la réflexion rationnelle et fondée. Acceptez-vous tel que vous êtes pour mieux vous libérer de l'opinion des autres. Alors, accueillez-vous, appréciez toutes vos facettes de façon inconditionnelle. Appréciez à la fois vos qualités et les choses que vous aimeriez améliorer. **L'acceptation de soi commence par la reconnaissance des jugements acerbes que l'on se porte pour passer de cette tendance à se juger soi-même à un sentiment de bienveillance et de tolérance à son propre égard.**

Se délester du regard des autres

Lorsque nous n'assumons pas entièrement qui nous sommes, le regard des autres devient un repère, un miroir déformant. Nous cherchons à obtenir une validation, car, au travers du regard de ceux qui nous entourent, nous nous évaluons. Notre amour-propre est alors entre leurs mains. Nous nous estimons ainsi au travers de ce que l'on « semble » penser de nous, car leur avis est bien sûr plus légitime et éclairé que le nôtre. C'est l'éternel besoin d'amour pour exister qui est à l'œuvre ici : « Si je me moule un peu pour ressembler à ce que l'on attend de moi, je serai certainement davantage apprécié. » **Le danger évident est celui d'exister pour et à travers les autres, et de diriger notre vie en fonction du désir d'une société, d'une famille, d'amis que nous érigeons en modèles et qui sont tout-puissants.** À terme, le prix à payer risque d'être la domination de notre véritable nature au profit d'une norme qui ferait consensus, mais qui ne nous correspond pas. **Norme qui, rappelons-le, n'est pas la réalité, mais un point de vue subjectif qui ne convient absolument pas de suivre à tout prix, car chacun analyse et se crée une opinion sur une personne en fonction de ce que lui-même a vécu** [126].

Vivre l'impermanence

Rien n'est absolu, tout est changement, tout est mouvement, tout est révolution [...].

Frida Kahlo, artiste peintre mexicaine

L'impermanence est l'un des principes fondateurs de la philosophie bouddhiste. Elle signifie que rien n'est immuable. Autrement dit, tout bouge en permanence [127]. Qu'on le veuille ou non, chacun de nous incarne l'impermanence puisque c'est le propre de la vie. **À chaque instant, nous changeons, et pour vivre heureux, il demeure essentiel d'accepter ce mouvement, plutôt que de lui résister.** Nos pensées changent sans cesse, passent de l'une à l'autre, se contredisant parfois en l'espace de quelques secondes. Nos émotions naissent et meurent aussi vite, nos sentiments évoluent avec le temps, nos jugements aussi... Tout autour de nous, le monde, les gens changent d'un instant à l'autre. C'est ainsi. La vie est comme le courant de la rivière. Par peur du mouvement, nous tentons de contrôler ce courant, de le détourner, de bâtir des barrages, d'accélérer ou de ralentir sa course... Mais on ne peut pas maîtriser le cours de la rivière, on peut seulement diriger sa barque. **Ceux qui veulent ramer à contre-courant s'épuisent et n'avancent pas. Ils rentrent en conflit avec la vie ; et donc avec eux-mêmes. Ce comportement est en fait une prison dans laquelle nous nous enfermons de manière consentante et qui finira, tôt ou tard, par nous étouffer.** Contrairement à ce que nous pensons, plus nos changements sont assumés, mieux ils sont acceptés. En nous donnant la permission de changer, nous nous offrons la possibilité d'essayer d'être nous-mêmes, parfois de nous tromper, de tenter de nouveau pour nous trouver et nous assumer. **Alors, assumez de changer ce qui peut l'être, acceptez avec bienveillance ce qui ne le peut pas en entretenant la faculté de faire la différence entre les deux.** Il est inévitable de souffrir, l'état d'exaltation permanent n'existe pas, toutefois en restant attentifs aux croyances génératrices de douleurs et en comprenant qu'elles peuvent évoluer dans le temps, il est possible de sortir d'une posture d'impuissance. Que ce soit le rôle de victime (je n'y arriverai jamais), les croyances résignées (je suis voué à ne pas rencontrer la bonne personne) ou d'autres pensées dysfonctionnelles, affronter ses croyances, chercher à les rationaliser et prendre conscience du fait que nous ne maîtrisons pas tout permet de vivre en paix l'impermanence. Cela ne veut pas dire qu'il n'est pas utile de nous demander pourquoi nous répétons les mêmes schémas, mais **chercher la réponse unique ou la résolution définitive est vouée à l'échec. Mieux vaut apprendre à naviguer même quand le temps se gâte.**

Du penser à l'agir : les TCC

La thérapie cognitivo-comportementale (TCC) est une approche qui s'intéresse à l'actuel et qui repose sur les progrès des neurosciences en matière de psychopathologie. Elle postule que **nos émotions et nos comportements sont davantage déterminés par l'interprétation que nous faisons d'un événement que par l'événement lui-même**. Le travail en séance se veut actif et collaboratif, le thérapeute et le patient identifient ensemble les difficultés pour les aborder en pleine conscience. **Les problèmes sont abordés à la lumière des pensées dysfonctionnelles qui créent le malaise et rigidifient les capacités de compréhension et d'adaptation aux situations.** Cette approche vise également à reconnaître et à prendre en charge ses émotions, à les verbaliser. En apprenant à mieux se connaître, l'objectif sera d'appréhender comment changer de prisme de lecture pour restaurer du bien-être et développer de nouvelles compétences. En 2005, trois revues scientifiques publient les résultats d'études confirmant l'efficacité des thérapies cognitivo-comportementales dans la plupart des psychopathologies [128]. L'une d'elles résume la littérature de 16 méta-analyses sur les résultats de la prise en charge par TCC pour un large éventail de troubles psychiques, comme la dépression, les troubles anxieux généralisés, les troubles paniques avec ou sans agoraphobie, les phobies, les troubles obsessionnels compulsifs, les troubles du comportement alimentaire, le trouble de stress post-traumatique, les troubles de l'humeur et du comportement [129]. De nombreux troubles peuvent répondre favorablement à une approche cognitivo-comportementale avec, dans certains cas spécifiques, la nécessité de la combiner avec un traitement médicamenteux. **Le terme de TCC regroupe un ensemble de principes théoriques découlant des approches de base que sont la thérapie comportementale (la faculté à adapter ou à changer son comportement) et la thérapie cognitive (la compréhension autour des problématiques).** Ces approches ont toutes deux fait l'objet d'études scientifiques expérimentales [130].

La TCC est centrée sur l'ici et maintenant en s'intéressant aux manifestations actuelles du trouble, à la difficulté du moment qui révèle de la souffrance et limite la faculté de s'adapter ; et donc la qualité de vie. Elle met l'accent sur les déterminants présents du comportement sous l'axe de réflexion du « comment » (comment se manifeste la souffrance, comment s'est-elle installée, comment faire autrement) afin d'examiner comment le sujet pense pour l'aider à développer une façon plus fonctionnelle de voir les choses et d'agir. Puis elle s'interroge sur les déterminants du passé grâce au « pourquoi » (pourquoi le trouble est présent, quelles en sont les causes possibles). L'objectif est donc de reprendre la main dans l'actuel, tout en menant une réflexion sur son passé, son enfance (trauma, expériences marquantes précoces, modèles parentaux, éducation, croyances...).

Nous le disions plus haut, nos difficultés, nos souffrances proviennent plus souvent de notre façon de voir les choses que des situations elles-mêmes. Ce postulat de base ne date pas des TCC, mais des philosophes stoïciens qui expliquaient que nos humeurs sont le fruit de nos pensées. Au cours de la thérapie, il s'agira donc d'identifier le « style » de pensée et la façon dont les événements sont perçus pour ensuite y apporter de la nuance. **Les pensées automatiques, les biais cognitifs, les schémas conditionnés et les réflexions arbitraires qui augmentent les visions négatives forment des convictions dysfonctionnelles et peu nuancées.** Tout le travail sera de les identifier pour conscientiser à quel point elles influencent nos comportements par nos émotions. Au cours de la prise en charge, **le psychologue va initier progressivement le patient à distinguer les faits de leur interprétation, à élargir ses modes d'analyse des situations, à assouplir ses règles, toujours dans le but de trouver le meilleur équilibre émotionnel** [131]. La caractéristique des thérapies cognitivo-comportementales est qu'elles se veulent paritaires. La collaboration entre le psychologue et le patient reste active car, si le thérapeute est expert en TCC, le patient est quant à lui « expert en devenir » de son fonctionnement. Le style est donc interactif et pédagogique puisque **le patient deviendra peu à peu son propre soignant**. Le psychologue pose des questions, fournit des explications, reformule ce qui a été dit, expose des hypothèses de réflexion pour encourager le patient à s'investir dans sa recherche de compréhension et de solutions. Guidé, encouragé, validé, il va assumer sa part active dans sa quête de bien-être, favorisant la continuité du travail, même en dehors des séances. Ce dynamisme dans l'échange a pour but principal d'amener le sujet à affiner son esprit critique, à remettre en question un point de vue figé, à générer de nouvelles solutions plutôt que de fournir des réponses toutes faites. **Il s'agit d'une découverte de soi guidée,**

d'un apprentissage qui a vocation à permettre au patient, une fois la prise en charge terminée, de devenir son propre thérapeute et de faire face aux événements à venir sans tomber dans le piège des pensées conditionnées ou des schémas comportementaux rigides. Les compétences à travailler peuvent concerner la résolution de problèmes, la gestion de l'anxiété, l'affirmation de soi, la flexibilité de la pensée, les fausses croyances, la prise de distance dans certaines situations... Bref, tout ce que nous avons appris à faire par mimétisme ou conditionnement sans n'avoir jamais pu mettre en place de remise en question.

POUR ALLER PLUS LOIN

Les TCC se sont développées progressivement depuis les années 1950 en se fondant sur des études scientifiques et de nombreux essais cliniques qui ont validé leur efficacité. L'évolution s'est faite en trois vagues [132].

Première vague : une approche comportementale

Elle s'est répandue en Amérique du Nord, notamment grâce aux travaux de Pavlov et de Skinner entre les années 1950 et 1970. Cette approche repose sur l'analyse expérimentale des comportements observables d'un sujet en interaction avec son environnement, faisant émerger la création de réponses conditionnées face à certaines situations. En s'appuyant sur les travaux de Pavlov, Skinner définira le concept de conditionnement opérant : apprentissage d'une action en fonction de renforcements positifs ou négatifs qui influencent les actions et favorisent leur reproduction. Les renforcements positifs qui sont souvent des récompenses conduisent plus facilement à l'adoption d'une réponse comportementale, alors que les renforcements négatifs entraînent de l'évitement. À partir de sa théorie, Skinner proposera des prises en charge thérapeutiques visant à remplacer une réaction inappropriée ou problématique par un comportement plus favorable par le biais des renforcements [133]. Les travaux de Bandura apportent de nouvelles compréhensions concernant le comportement humain en formulant l'hypothèse que les facteurs sociaux et cognitifs sont déterminants dans nos actions. Il introduit ainsi les notions d'apprentissage social par observation et imitation [134].

Deuxième vague : une approche comportementale et cognitive

Le mouvement des thérapies cognitives prend un coup d'accélérateur dans les années 1970. À l'approche comportementale s'ajoutent les découvertes sur l'évaluation cognitive que fait le sujet lors d'une situation. Celle-ci est largement déterminée par les représentations personnelles que l'individu élabore à partir des croyances qui fondent sa vision du monde. Par voie de conséquence, les pensées influencent les émotions, qui influent à leur tour sur les comportements et inversement. La psychologie cognitive distingue deux types de mécanismes de pensée : les processus automatiques et les processus contrôlés. Les cognitions automatiques sont inconscientes et sans effort, mais difficiles à modifier, comme les schémas comportementaux. Tandis que les cognitions contrôlées sont conscientes et requièrent attention et efforts, ce qui les rend flexibles. Elles correspondent à une pensée logique visant à modifier les cognitions et les processus de pensées dysfonctionnelles. Le psychologue amène ainsi son patient à découvrir par lui-même ce qui est source de souffrance pour lui faire prendre conscience des distorsions cognitives aux conséquences négatives et trouver des solutions ou attitudes appropriées.

Troisième vague : TCC, pleine conscience et acceptation

La troisième vague a pris son essor à partir des années 1990 en portant une attention particulière à l'aspect émotionnel et au principe de pleine conscience [135]. Si la deuxième vague met en lumière les pensées irrationnelles, la troisième vague fait le lien entre cognitions et émotions. L'objectif de cette approche n'est pas le changement à tout prix, mais plutôt l'adoption d'une stratégie expérientielle visant la compréhension des symptômes au regard de la situation. Le principe du changement se trouve donc à l'interface du contexte et de l'émotion associée.

VI

Psychoéducation : comment conditionner le moins possible son enfant

> Pourquoi est-ce que cela paraît subversif de dire que les parents n'ont aucun droit sur leurs enfants ? À leur égard, ils n'ont que des devoirs.
>
> **Françoise Dolto, pédiatre et psychanalyste française**

Élever son enfant en lui donnant les bons outils pour bien grandir et devenir un adulte épanoui implique de lui laisser exprimer son potentiel et sa personnalité. Facile à dire, penserez-vous à juste titre, mais pas toujours facile à faire. Nous répétons tous des phrases que nous avons nous-mêmes entendues, enfants, sans vraiment y faire attention. Malheureusement, leur signification implicite peut avoir un impact sur le développement psychologique. Elles peuvent changer une vie, faire passer un enfant de sa capacité à croire en lui au sentiment douloureux d'incompétence. Alors : *comment éviter au mieux de conditionner nos enfants en transmettant des croyances limitantes ?*

Tout ce qui entoure un enfant en construction l'influence indéniablement. L'environnement social et culturel, les mots, les gestes d'attention, les échanges verbaux, les réactions inconscientes, les enfants qui l'entourent, l'école, tout cela le teinte et la liste pourrait encore s'allonger. Chacun d'entre nous avance avec ses croyances et ses peurs. Que nous ayons travaillé ou non dessus, les idées que nous nous faisons de ce qui est bon ou mal, nos objectifs modèleront toujours nos enfants. Et si l'on ne le fait pas, la société s'en chargera. Bref, tout conditionne nos enfants, alors commençons par l'admettre avant d'en tenir compte pour agir au mieux. La question devient de fait : ***comment aider un enfant à grandir en remettant intelligemment en question nos propres croyances pour diminuer au mieux notre pouvoir d'influence ?*** **Eh bien, l'enjeu est le même qu'à l'âge adulte, il s'agit de lui apprendre à s'interroger.** S'interroger sur lui, se questionner sur les adultes qui l'entourent et ce qu'il en absorbe. Il n'est pas question d'enseigner à défier l'autorité ou de s'opposer à tout apprentissage, mais de développer le libre arbitre pour éviter le conformisme. Chaque « dogme » sera alors examiné, discuté, voire questionné pour ne pas (trop) absorber d'idées conditionnées. N'est-ce pas en définitive la fonction première de l'éducation que de développer cette élévation de l'esprit vers une pensée libre ? Lourde tâche pour un parent d'apprendre à son enfant à penser différemment… de soi. Sans compter qu'il est compliqué de permettre à son enfant de désobéir. Les parents font ce qu'ils peuvent et ils transmettent des informations relatives à ce qu'ils ont vécu eux-mêmes. L'enfant est donc une répétition de tout cela. Il ressent, ingère tout cela et vit avec car, au jeune âge, tout ce que nous recevons des grands est vrai. De cette relation primaire va se forger un être « préadulte ». Un être qui traînera sans le savoir les valises de tout ce qu'il aura appris ou compris. C'est sa programmation de départ, le postulat de base. **Adulte, il commencera à vouloir choisir, mais pourra se voir confronté à des murs psychologiques. Ce sont les conditionnements, les biais cognitifs hérités de l'enfance qui s'activent déjà et induisent en erreur. Mais c'est aussi le début possible d'un travail sur soi, de remises en question, du chemin vers l'émancipation intellectuelle.** Nous le savons, cette route perpétuellement en mouvement n'est pas simple, et pour cause, il y aura toujours quelqu'un pour dire à quel point nous ressemblons à untel ou unetelle. Cela nous réconforte en tant qu'enfant, car, en étant fidèle à nos parents, nous pensons leur dire que nous les aimons, et en tant que parents, car cela est le signe que nous avons bien fait notre job. Tout ce contexte va alimenter la programmation, c'est un équilibre qui paraît bon au premier abord. **Mais, parfois, il y a la sensation que quelque chose ne fonctionne plus. C'est le signal que, dans le programme, une ligne de code est toxique, comme un virus.** C'est à partir de là que les bonnes questions peuvent se poser : *d'où vient cette croyance ? Est-ce mon histoire ? Puis-je en faire quelque chose ou est-ce un fardeau qui me fait répéter les mêmes erreurs ?* Heureusement, le changement reste possible. La première étape est d'observer et de comprendre son système pour prendre du recul et acquérir une nouvelle liberté de pensée.

Les croyances des parents sont des vérités pour leurs enfants. Si certaines croyances peuvent s'avérer stimulantes, d'autres sont limitantes. **Répéter à un enfant qu'il est capable va le motiver à expérimenter, l'encourager à découvrir et lui donner confiance en lui**. À l'inverse, en faisant passer le message qu'il n'y arrivera pas alors qu'il ne s'agit que de la peur du parent, l'enfant pensera qu'il a besoin d'aide, qu'il ne sait pas se débrouiller seul. **Il y a le texte du parent et le sous-texte que l'enfant intègre.** Par exemple, répéter sur le ton de la rigolade, *tu es un petit timide, toi !*, lorsqu'il n'ose pas, risque de le stopper net dans sa capacité à croire qu'il peut prendre des risques. S'il entend, *fais cela, tu feras plaisir à maman*, il comprendra possiblement que pour être aimé il doit obéir. Toutes ces petites phrases que nous lâchons tous s'ajoutent aux dictons transmis de génération en génération : « il faut souffrir pour être belle », « l'argent ne tombe pas du ciel », « on ne peut pas tout avoir dans la vie », « le mieux est l'ennemi du bien »... Mais, plus que la formule, **c'est la répétition qui crée l'ancrage**. Si l'on dit régulièrement à un enfant qu'il fait mal les choses, même si l'intention n'est pas mauvaise, il croira qu'il n'est bon à rien. Et, parfois, il n'y a même pas besoin de parler ! En faisant par exemple tout à sa place, il croira qu'il est incapable de faire les choses par lui-même, il n'apprendra pas. Il gardera en grandissant cette idée de ne pas être capable, cette difficulté à prendre des décisions. Ces croyances limitantes inhibent l'enfant dans sa construction et sa capacité à choisir, car toutes les décisions sont déjà programmées en mode automatique. Voici donc trois axes à suivre pour conditionner le moins possible son enfant.

Prendre conscience des croyances limitantes que l'on transmet

Comme nous l'avons vu, certaines phrases risquent d'avoir un impact sur toute la vie d'un enfant. Mais il n'est pas toujours facile de choisir les bons mots, et il arrive de dire des choses qui le desservent sans même le savoir. **La première étape consiste donc à prendre un peu de recul pour remettre en question les messages sous-jacents que l'on fait passer.** *Est-ce que cette* *réflexion fait passer un bon message ? Ma parole vient-elle encourager ou limiter mon enfant ?* Alors, bien sûr, on ne peut pas tout éviter. Il y aura toujours des phrases maladroites, des mots mal dirigés, mais l'objectif est de faire de son mieux et de savoir se remettre en question. S'interroger sur les discours que l'on tient auprès de son enfant s'avère essentiel dans sa capacité de construction à croire en lui.

Chasser les phrases toxiques

Une fois les croyances limitantes identifiées, on peut agir dessus en modifiant notre façon de communiquer et en trouvant un message stimulant plutôt que bornant. **Attention aux phrases dites sur le ton de la plaisanterie qui peuvent paraître sans conséquence, et pourtant avoir un effet dans le temps.** Le sarcasme, en plus de laisser des traces, humilie. Il arrive aussi d'avoir des comportements non verbaux qui ancrent des croyances limitantes sans même les avoir prononcées. Lorsqu'on ne laisse pas son enfant se débrouiller, essayer par lui-même et à son rythme, on lui fait passer le message qu'il n'est pas capable. Lorsque l'on coupe systématiquement la parole à son enfant, on lui diffuse la croyance que ce qu'il dit n'est pas intéressant ou n'a pas de poids dans l'échange. Prenons l'exemple d'un enfant qui peine à apprendre à nager, à faire du vélo ou à être propre. Si le parent s'empare d'emblée du sujet comme d'un problème qu'il n'assume pas en jouant d'ironie pour évoquer sa contrariété, au lieu d'accepter la temporalité de l'enfant : « mon fils a toujours été en retard pour tout », « certains marchent à 1 an, d'autres prennent leur temps, on dirait », « il ne peut rien faire en même temps que les autres, toujours en décalé », l'enfant, lui, retiendra qu'il est défaillant, décevant. **S'il voit son parent soupirer lorsqu'il n'y arrive pas, lorsqu'il perçoit l'agacement au moment**

où il attend d'être rassuré, il arrêtera d'essayer pour ne plus désespérer les personnes qu'il aime le plus : ses parents. Le risque est qu'il finisse par croire qu'il n'est pas à la hauteur, qu'il se résigne jusqu'à devenir un adulte sans aucun amour-propre. Un adulte incapable, quoi qu'il fasse.

Ne pas léguer nos peurs et nos envies

Chaque parent veut protéger son enfant en prévenant les expériences négatives, les erreurs, les difficultés potentielles. Ce que nous essayons d'éviter, c'est qu'il souffre là où précisément nous avons souffert. **Mais les embûches font pour la plupart grandir. Elles participent au bon développement de la personnalité, du caractère, du sentiment de capacité à agir, à s'adapter et à trouver des solutions.** Faire passer nos propres angoisses d'échec en le surprotégeant, faire passer nos propres envies en orientant ses choix ne lui feront que vivre votre vie « rêvée », mais certainement pas la sienne. En évitant de léguer nos rêves ou nos croyances limitantes, chaque enfant saura développer son propre potentiel pour s'épanouir. Prenons l'exemple des parents qui refusent que leur enfant dorme chez des camarades ou partent en colonie de vacances par peur des adultes qui encadrent. Oui, la réalité a révélé des faits d'abus dans les collectivités d'enfants, oui, l'éducation dans les autres familles n'est pas forcément semblable à celle que l'on donne à la maison, mais à craindre le pire, on ne le forge pas. On l'effraie. **Comme dit l'adage « la peur n'évite pas le danger », le péril peut survenir, que nous soyons conscients ou non des risques, alors qu'avons-nous à perdre à parier sur la réussite ?** Dans le premier cas, on apprend à l'enfant que la vie est une jungle et qu'éloigné de sa famille il devient une proie qui ne saurait se défendre. C'est une victime, quoi qu'il arrive. Dans l'autre, on éduque aux dangers et l'on apprend que, certes, l'expérience n'est jamais sans risques, mais que la vie se vit. Nos peurs de parents ne doivent pas handicaper nos enfants, les épreuves que nous avons vécues ne sont pas les leurs.

Posez-lui des questions

Le plus important pour développer le sens critique de l'enfant consiste à lui poser des questions. L'objectif est d'apprendre à prendre du recul, à faire un pas de côté pour analyser une situation plutôt que de l'intégrer passivement. Tous les prétextes à l'exercice sont bons, un film, un livre, une dispute à l'école, un événement familial, une décision à prendre, l'idée est de chercher à savoir s'il a apprécié, s'il comprend et surtout quelle est son opinion. C'est son avis personnel qu'il faut l'aider à exprimer. Il doit se sentir légitime d'y réfléchir et de l'exposer. Il ne faut pas se contenter d'un oui ou d'un non, mais l'aider à développer son propos. Si l'enfant est très jeune, il aura du mal à formuler une réponse, dans ce cas, il ne faut pas hésiter à faire plusieurs suggestions… mais sans orienter la réponse ! Par exemple : *tu as aimé ce spectacle parce qu'il est drôle, ou ce sont les personnages qui t'ont plu ?, est-ce que tu as apprécié la fin, ou aurais-tu préféré que l'histoire se finisse autrement ?* **Encouragez-le à faire des choix et à avoir des opinions en le valorisant dans sa démarche. Poussé à communiquer, l'enfant donnera de plus en plus de valeur à son opinion.** Il apprendra à parler de lui, de ses émotions, de ses goûts comme des notions dont l'autre doit aussi tenir compte. Ces expériences sont les fondements de sa capacité à venir poser un cadre en exprimant ses limites au travail, par exemple. Ce qu'il accepte ou n'accepte pas en amitié. Ce qu'il juge bon ou non pour lui. **Si nous n'avons pas appris à nous interroger sur ce que nous aimons et ce qui nous déplaît, comment savoir choisir ?**

Donnez des responsabilités

Avoir des responsabilités (de son âge) permet de se sentir utile et compétent. Elles aident à bâtir sa confiance en soi au travers d'actes simples, comme lui montrer où poser un sac de courses et commencer à sortir les commissions, où placer ses chaussures quand il rentre à la maison, où ranger ses jouets... L'enfant ne verra pas de la contrainte dans ces tâches, il sentira de la confiance et une aptitude à remplir des missions. Prenons l'exemple courant d'un enfant de 3-4 ans qui s'apprête à accueillir un petit frère ou une petite sœur. S'il est mis de côté à l'arrivée du nourrisson, la relation qu'il établira avec lui sera bien différente que s'il est impliqué. Dans le premier cas, il risque de se sentir mis à distance, peu digne d'intérêt et inutile. Il pourra ressentir de la trahison à l'égard de ses parents et une profonde rancœur vis-à-vis du bébé. À l'inverse, si les parents le missionnent de donner les lingettes pendant le change, de jeter un œil pour voir s'il dort bien durant la sieste ou demande son aide pour tenir le biberon, même quelques secondes, c'est un message de confiance qui est délivré. L'enfant se sentira aimé et valorisé dans le regard de ses parents et sera plus enclin à créer un lien apaisé avec le nouveau membre de la famille.

Conclusion

Les facettes du conditionnement sont multiples. Bien que nous naissions tous sensiblement avec les mêmes prédispositions, des paramètres extérieurs vont venir nous modifier. Notre héritage psychogénéalogique, notre passé et les traumatismes qui peuvent en découler. L'endroit où nous vivons à la surface du globe, la politique et la culture qui y sont pratiquées. L'enseignement scolaire et l'éducation parentale reçus sont autant de facettes qui vont nous conditionner, nous faire évoluer et réagir différemment les uns des autres. Face aux problèmes, et tout spécialement à la peur, notre cerveau va s'adapter dans une stratégie de protection et, si nous n'y prenons pas garde, notre véritable « moi » finira par s'en trouver saboté, emprisonné dans ces schémas maintes fois répétés. La mémoire, qui aura jusque-là emprunté un nouveau circuit, bien intégré, rencontrera des difficultés à sortir de ce carcan. Toutefois, rien n'est prédéterminé. L'espoir est permis, en commençant à prendre conscience de nos pensées limitantes. Notre volonté de changer pour accéder à la liberté et cesser de jouer indéfiniment les mêmes scénarios se révélera déterminante dans la réussite de notre entreprise. Bien des voies sont à explorer pour trouver enfin le bonheur d'être soi !

Qui peut prétendre savoir réellement ce que signifie d'être libre ? Le but n'est peut-être pas de comprendre ce que c'est, mais plutôt de cerner les causes qui nous empêchent de l'éprouver, la liberté. Où se situent nos barrières mentales, comment se sont construites nos prisons émotionnelles ? En quoi la société ou notre éducation nous enclavent au point de ne pas réussir à exprimer qui nous sommes ? Réussirons-nous à nous défaire des chaînes qui nous figent et à nous diriger avec les règles auxquelles nous ne pouvons échapper ? Il est là le jeu d'équilibriste, celui où il faut trouver comment avancer avec une histoire qui ne doit pas être subie, avec des envies qu'il faut assumer, avec la conviction qu'il est possible de choisir de supporter ou de se sentir libéré. D'éprouver ou de se redresser. Il y a une partie des règles du jeu qu'il sera impossible de contourner, c'est un postulat de base, en somme. Mais il existe, pour créer, une nouvelle voie à explorer, celle qu'il va falloir parfois assumer de prendre pour prétendre au bonheur. Tout cela a un coût, on parle bien « du prix de la liberté », non ? Celui qui vous dira que fermer la porte du passé pour écrire une nouvelle histoire n'est qu'un choix se trompe. C'est une lutte, parfois. Désapprendre peut faire peur, faire autrement peut culpabiliser, ouvrir les yeux sur une réalité peut faire mal. Alors, tout cela demande de la vaillance. La démarche de se déconditionner est une preuve de courage. Il faut revoir un récit qui semblait si simple, si évident, et accepter que la réalité soit tout autre. Il faut comprendre que ce qui nous paraissait une norme est en réalité dysfonctionnel. Il faut conscientiser que tant qu'on ne comprend pas ce qui se trame, on est le porteur des croyances des autres, et que ses choix ne se sont pas faits de façon éclairée. C'est un travail sur soi qui peut se révéler douloureux. Ce sont des chaînes qui se brisent avec fracas, des sentiments partagés de vide abyssal et de torrents d'envies qui s'expriment. C'est un grand chamboulement. Se déconditionner reste un bouleversement. Mais la promesse est si belle, croyez-moi. Lorsque l'on comprend pourquoi il a été si compliqué de se faire des amis à l'école, quand on perçoit pour quels motifs on a fait ce choix d'études plutôt que ce qui nous animait depuis toujours. Quand on ouvre les yeux sur les contours de sa personnalité, la vraie, pas celle décrite par les autres, alors il n'existe qu'une seule voie : celle de s'assumer. C'est un immense cadeau qu'il faut s'offrir pour ne pas passer à côté de qui l'on est et de ce que l'on veut accomplir. C'est l'occasion de voir ce que nos parents ont vécu avec empathie sans embrasser leurs névroses, ce que la société nous ordonne sans y adhérer, ce que nous avons aimé donner à voir, mais qui ne nous reflète absolument pas. Ouvrir les yeux sur nos schémas de pensée, c'est à la fois le choc et la libération, croyez-le. Alors, à tous ceux qui pensent n'avoir que des devoirs, ne pas être à la hauteur, ne pas mériter, ne pas savoir, libérez-vous. À tous ceux qui s'engouffrent dans des combats qui ne sont pas les leurs, des postures qu'ils n'assument plus, des rôles dont ils ne veulent plus, libérez-vous. Remontez le fil de l'histoire pour comprendre comment tout cela a commencé pour briser le programme. Vous en êtes capable, c'est un magnifique chemin.

Déconditionnez-vous !

Bibliographie

(1) R. Descartes, *Le Discours de la méthode*, Le Livre de Poche, 2000.

(2) J. Krishnamurti, *Tel que vous êtes*, Synchronique, 2013.

(3) J. Krishnamurti, *Se libérer du connu*, Le Livre de Poche, 2008.

(4) E. Cassirer, *La Philosophie des Lumières*, Fayard, 1990.

(5) D. Avon, *La Liberté de conscience*, Presses universitaires de Rennes, 2020.

(6) La Déclaration universelle des droits de l'homme, 1948 – www.un.org/fr/universal-declaration-human-rights/.

(7) E. Kant, *Fondement de la métaphysique des mœurs*, Le Livre de Poche, 1993.

(8) J.-P. Zarader, *Le Vocabulaire des philosophes : la philosophie moderne*, Ellipses, 2016.

(9) T. Hobbes, *Léviathan*, Folio, 2000.

(10) T. Eagleton, *Marx*, coll. « Les Grands Philosophes », Points, 2000.

(11) S. Freud, *Introduction à la psychanalyse*, Payot, 2004.

(12) S. Freud, *Leçons d'introduction à la psychanalyse*, Presses universitaires de France, 2013.

(13) B. Spinoza, *Éthique*, Le Livre de Poche, 2011.

(14) L. Wittgenstein, *Les Cours de Cambridge*, Trans-Europ-Repress, 1992.

(15) J.-P. Sartre, *L'Être et le Néant*, Gallimard, 1943.

(16) H. Bergson, *Matière et Mémoire*, Flammarion, 2012.

(17) H. Bergson, *Essai sur les données immédiates de la conscience*, Presses universitaires de France, 2013.

(18) Épictète, *Entretiens : livres I à IV*, Gallimard, 1993.

(19) R. Descartes, *Discours de la méthode*, Flammarion, 2000.

(20) F.-X. de Peretti, *Descartes pas à pas*, Ellipses, 2018.

(21) R. Descartes, *Principes de la philosophie*, Le Livre de Poche, 2000.

(22) B. Spinoza, *Lettres à Schuller*, Flammarion, 1966.

(23) J.-P. Ternaux, F. Clarac, *Encyclopédie historique des neurosciences*, De Boeck, 2008.

(24) T. Willis, S. Pordage, *Two discourses concerning the soul of brutes*, Scholars Facsimilies, 1999.

(25) B. Hoerni, *Histoire de l'examen clinique d'Hippocrate à nos jours*, Imhotep Maloine, 1996.

(26) T.-W. van Heiningen, *Sur le galvanisme et l'électricité animale*, Histoire des sciences médicales, 2012.

(27) G. Rutten, *The Broca-Wernicke doctrine: a historical and clinical perspective on localization of language functions*, Springer, 2018.

(28) J.-F. Dortier, J.-F. Marmion, « Devenir soi-même », *Les Grands Dossiers des sciences humaines*, 55(6), p. 1, 2019.

(29) https://www.snlf.net/.

(30) B. Libet *et al.*, « Time of conscious intention to act in relation to onset of cerebral activity », *Brain*, 106, p. 623-642, 1983.

(31) C.-S. Soon *et al.*, « Unconscious determinants of free decisions in the human brain », *Nature Neuroscience*, 11, p. 543-545, 2008.

(32) D. Dennett, *La Conscience expliquée*, Odile Jacob, 1993.

(33) D. Dennett, *La Stratégie de l'interprète*, Gallimard, 1990.

(34) https://www.frcneurodon.org/informer-sur-la-recherche/la-recherche-sur-le-cerveau/etat-des-lieux-de-la-recherche-sur-le-cerveau/.

(35) F. Eustache, « Mémoire, une affaire de plasticité synaptique », *Dossier Inserm*, 2017.

(36) M.-F. Bear, B.-W. Connors, M.-A. Paradiso, A. Nieoullon, *Neurosciences : à la découverte du cerveau*, Pradel, 2016.

(37) A. Lieury, « Mémoire à court terme et mémoire à long terme », *Manuel visuel de psychologie cognitive*, p. 156-162, 2020.

(38) E. Tulving, « Rôle de la mémoire sémantique dans le stockage et la récupération de l'information épisodique », *Bulletin psychologie*, 29, p. 19-25, 1976.

(39) B. Axelrad, « La Mémoire manipulée : les erreurs dans les témoignages », Association française pour l'information scientifique, 2015.

(40) E. Loftus, « Les Faux Souvenirs : le travail de ma vie », Association française pour l'information scientifique, 2009.

(41) E. Loftus, J. Palmer, « Suggestibilité de la mémoire », *Journal of Verbal Learning and Verbal Behavior*, 1974.

(42) D. A. Gallo, « False memories and fantastic beliefs: 15 years of DRM illusion », *Memory & Cognition*, 38, p. 833-848, 2010.

(43) T. Wang, K. Placek, J. Lewis-Peacock, « More is less: increased processing of unwanted memories facilitates forgetting », 39(18), *Journal of Neuroscience*, 2019.

(44) T. Wang, F. Kruggel, M.-D. Rugg, « Effects of advanced aging on the neural correlates of successful recognition memory », *Neuropsychologia*, 47(5), p. 1352-1361, 2009.

(45) B.-A. Richards, P.-W. Frankland, « The persistence and transience of memory », *Natural Sciences and Engineering Research*, 94(6), p. 1071-1084, 2017.

(46) O. Hardt, K. Nader, L. Nadel, « Decay happens: the role of active forgetting in memory », *Trends Cognitiv Science*, 17(3), p. 111-120, 2013.

(47) D. Kahneman, B. Fredickson, « Duration neglect in retrospective evaluations of affective episodes », *Journal of Personality and Social Psychology*, 65(1), p. 45-55, 1993.

(48) L. Kane, « The Peak-End Rule: how impressions become memories », *The Decision Lab*, 2018.

(49) R. Brown, J. Kulik, « Flashbulb memories », *Cognition*, 5(1), p. 73-99, 1977.

(50) J. Talarico, D. Berntsen, D. Rubin, « Positive emotions enhance recall of peripheral details », *Cognition & Emotion*, 23(2), p. 380-398, 2009.

(51) H. Schmolck, E.-A. Buffalo, L.-R. Squire, « Memory distortions develop over time: recollections of the O-. J. Simpson trial verdict after 15 and 32 months », *Psychological Science*, 11(1), p. 39-45, 2000.

(52) R. Sauvayre, « Mémoires, oubli et émotions : la construction de l'oubli », *Revue des sciences sociales*, 44, p. 110-118, 2010.

(53) A.-C. McFarlane, « The long-term costs of traumatic stress: intertwined physical and psychological consequences », *World Psychiatry*, 9(1), p. 3-10, 2010.

(54) R. Yehuda, M.-H. Teicher, J.-R. Seckl, R. Grossman, A. Morris, L.-M. Bierer, « Parental posttraumatic stress disorder as a vulnerability factor for low cortisol trait in offspring of holocaust survivors », *Archives of general psychiatry*, 64(9), p. 1040-1048, 2007.

(55) P. Gagnepain, « Trouble de stress post-traumatique : quand un souvenir stressant altère les mécanismes de mémorisation », *Dossier Inserm*, 2020 (article d'après : https://www.inserm.fr/dossier/troubles-stress-post-traumatique/).

(56) E. Lavigne, « Le trauma imprime la mémoire par un chemin singulier », *Planète Santé*, 2015 (article d'après : https://www.planetesante.ch/Magazine/Personnes-agees/Memoire/Le-trauma-imprime-la-memoire-par-un-chemin-singulier).

(57) C. Gaubert, « Stress post-traumatique : les neurones responsables ont été identifiés », *Sciences et Avenir*, 2018 (article d'après : https://www.sciencesetavenir.fr/sante/cerveau-et-psy/stress-post-traumatique-les-neurones-responsables-ont-ete-identifies_122451).

(58) T. Yoshii, « The role of the thalamus in post-traumatic stress disorder », *International Journal of Molecular Sciences*, 22(4), 2021 (article d'après : https://www.ncbi.nlm.nih.gov/pmc/articles/PMC7915053/).

(59) B. Trojak, « Plasticité cérébrale et potentialités », *Aide-mémoire de psychologie médicale et de psychologie du soin*, p. 85-89, 2012.

(60) A. Amad, « Étude de la plasticité cérébrale en psychiatrie », LNFP – Laboratoire de neurosciences fonctionnelles et pathologiques, 2014 (article d'après : https://theses.hal.science/tel-01141741/).

(61) D. Hebb, *Brain Mechanisms and Learning*, Oxford University Press, 1961.

(62) J.-E. Steinmetz, « *Remembering Richard F. Thompson* », Association for Psychological Science, 2014 (article d'après : https://www.psychologicalscience.org/observer/remembering-richard-f-thompson).

(63) B. McEwen, « Stress and hippocampal plasticity », *Annual Review of Neuroscience*, 22, p. 105-122, 1999.

(64) T.-K. Hensch, « Critical period regulation », *Annual Review of Neuroscience*, 27, p. 549-579, 2004.

(65) B. McEwen, « Le Stress et le Cerveau », Project Syndicate, 2008.

(66) F. Cohen, G. Gorincour, C. Bartoli, M.-D. Pierecchi-Marti, J.-Y. Gaubert, « Intérêt de l'IRM dans l'imagerie post mortem », *Journal de radiologie*, 90(10), p. 1381, 2009.

(67) Maguire *et al.*, « Navigation-related structural change in the hippocampi of taxi drivers », *Proceedings of the National Academy of Sciences*, 97(8), 2000.

(68) K. Aydin, A. Ucar, K.K. Oguz, O.O. Okur, A. Agayev, Z. Unal, S. Yilmaz and C. Ozturk, « Increased Gray Matter Density in the Parietal Cortex of Mathematicians: a Voxel-Based Morphometry Study », *American Journal of Neuroradiology*, Novembre 2007, 28 (10), 1859-1864.

(69) P. Voss, M. Thomas, J. Cisneros-Franco, J.M. Bartoli, « Dynamic Brains and the Changing Rules of Neuroplasticity: implications for Learning and Recovery », *Frontiers in psychology*, 8, 2017.

(70) C. Civile, P.-L. McLaren, « Transcranial direct current stimulation (tDCS) eliminates the other-race effect (ORE) indexed by the face inversion effect for own versus other-race faces », *Scientific Reports*, 12, 2022.

(71) https://cnlm.uci.edu/mcgaugh/.

(72) J. McGaugh, L. Cahill, S. Parker, « A case of unusual autobiographical remembering », *Neurocase* – Comportement, Cognition et Neurosciences, 12(1), p. 35-49, 2006.

(73) T. Donnerbord, J. Gaarskjaer, *L'Homme qui se souvient de tout : un voyage dans les coulisses de la mémoire*, Premier Parallèle, 2015.

(74) F. Nietzsche, P. Wotling, *Le Gai Savoir*, Flammarion, 2007.

(75) R. Descartes, *Méditations métaphysiques*, Flammarion, 2009.

(76) D. Hirsch, *Le transgénérationnel*, Cahiers de Psychologie Clinique, n° 43, p. 7-10, 2014.

(77) P. Monhonval, F. Lotstra, « Transmission transgénérationnelle des traits acquis par l'épigénétiques », *Cahiers de Psychologie Clinique*, 43(2), p. 29-42, 2014.

(78) F. Calicis, « La Transmission transgénérationnelle des traumatismes et de la souffrance non dite », *Thérapie familiale*, 43(2), p. 229-242, 2006.

(79) K. Stettbacher, *Pourquoi la souffrance : la rencontre salvatrice avec sa propre histoire*, Aubier, 1993.

(80) G. Ausloos, *La Compétence des familles : temps, chaos, processus*, Erès, 1995.

(81) J. Haley, *Leaving Home : quand le jeune adulte quitte sa famille, psychopathologie et abord psychothérapeutique*, ESF Éditeur, 1991.

(82) S. Tisseron, P. Hachet, *Le Psychisme à l'épreuve des générations : clinique du fantôme*, Dunod, 2012.

(83) N. Abraham, M. Torok, *L'Écorce et le Noyau*, Flammarion, 2009.

(84) M. Selvini, « Troubles mentaux graves et méconnaissance de la réalité », *Thérapie familiale*, 16(2), p. 131-144, 1995.

(85) M. Main, N. Kaplan, J. Cassidy, « Security in infancy, childhood and adulthood: a move to the level of representation », *Growing Points in Attachment Theory and Research, Monographis of the Society for Research in Child Development*, 50(1/2), p. 66-104, 1985.

(86) https://www.nobelprize.org/prizes/medicine/1904/pavlov/biographical/.
C. Clément, *Conditionnement, apprentissage et comportement humain*, Dunod, p. 3-19, 2013.

(87) I.-P. Pavlov, « Conditioned reflexes: an investigation of the physiological activity of the cerebral cortex », *Annals of Neurosciences*, 17(3), p. 136-141, 2010.

(88) R.-A. Rescorla, *Conditioned inhibition and extinction*, Psychology Press Edition – Taylor and Francis Group, 1927.

(89) B.-F. Skinner, *Science et Comportement humain*, In Press, 2011.

(90) R.-A. Champion, J.-E. Jones, « Forward, backward, and pseudoconditioning of the GSR », *Journal of Experimental Psychology*, 62(1), p. 58-61, 1961.

(91) C. R. Gustavson, W.-G. Hankins, K.-W. Rusiniak, J. Gracia, « Coyote predation control by aversive conditioning », *Science*, 184(4136), p. 581-583, 1974.
L. Berenstein, *Symposium on nutritional aspects of recovery from severe illness and surgery : development of food aversions during illness*, Department of Psychology, University of Washington, 1993.
R. Michael, G. Joseph, F. Miller, « Aversive conditioning in coyotes: a reply », *The Journal of Wildlife Managment*, 43(1), p. 209-211, 1979.

(92) B. Harris, « Whatever happened to little Albert? », *American Psychologist*, 34(2), p. 151-160, 1979.

(93) G. Malcuit, A. Pomerleau, P. Maurice, *Psychologie de l'apprentissage : termes et concepts*, Edisem, 1995.

(94) B.-F. Skinner, *About behaviorism*, Vintage, 1976.

(95) S. McLeod, « What is operant conditioning and how does it work? How reinforcement and punishment modify behavior », *Simply Psychology*, 2018.

(96) G. Malcuit, A. Pomerleau, P. Maurice, *Psychologie de l'apprentissage : termes et concepts*, Edisem, 1995.

(97) J.-P. Sartre, *L'Être et le Néant*, Gallimard, 1943.

(98) J.-D. Nasio, *Pourquoi répétons-nous toujours les mêmes erreurs ?*, Payot, 2012.

(99) J. Krishnamurti, *Tel que vous êtes : libérer votre esprit de tout conditionnement*, Synchronique, 2013.

(100) J. Krishnamurti, C. Suares, *Se libérer du connu*, Le Livre de Poche, 1995.

(101) R. Sloss, *Lives in the shadow with J. Krishnamurti*, Addison-Wesley, 1994.

(102) S. Asch, « Effects of group pressure on the modification and distortion of judgements », dans *Guetzkow Groups, leadership and men; research in human relations*, p. 177-190, 1951.

(103) L. Bédard, J. Déziel, L. Lamarche, *Introduction à la psychologie sociale : vivre, penser et agir avec les autres*, Éditions du Renouveau Pédagogique, 2006.

(104) J.-M. Darley, C.-D. Batson, « From Jerusalem to Jericho: a study of situational and dispositional variables in helping behavior », *Journal of Personality and Social Psychology*, 27(1), p. 100-108, 1973.

(105) https://www.youtube.com/watch?v=FfjbRO-WMHQ – L'effet témoin, expérience du « Bon Samaritain ».

(106) R. Rosenthal, L. Jacobson, *Pygmalion in the classroom: teacher expectation and pupil's intellectual development*, Newly Expanded Edition, 1992.

(107) O. Davidson, D. Eden, « Remedial self-fulfilling prophecy », *The Journal of Applied Psychology*, 85(3), p. 386-398, 2000.

(108) R. Rosenthal, L. Kermit, « The effect of experimenter bias on the performance of the albinos rat », *Behavioral Science*, 8(3), p. 183-189, 1963.

(109) N. Vellut, « Le Retrait des jeunes (ou hikikomori) : une préférence négative », *Adolescence*, 333(3), p. 593-602, 2015.

(110) F. Elghazouani, M. Barrimi, « Le Syndrome de Koro : quand la culture interagit avec la psychopathologie », *Revue médicale de Bruxelles*, 32(9), p. 108-110, 2018.

(111) S. Milgram, *Soumission à l'autorité : un point de vue expérimental*, Calmann-Lévy, 1994.

(112) A-G. Miller, *The obedience experiments: a case of controversy in social science*, Praeger, 1986.

(113) B. Quelquejeu, « La Nature du pouvoir selon Hannah Arendt », *Revue des sciences philosophiques et théologiques* (n° 85), p. 511-527, 2001/3.

(114) T. Blass, « The Milgram paradigm after 35 years: some things we know about obedience to authority », *Journal of Applied Social Psychology*, 29(5), p. 955-978, 1999.

(115) F. Nietzsche, *Ainsi parlait Zarathoustra*, Le Livre de Poche, 1972.

(116) M.-A. Ferguson, J. Nielsen, J. King, L. Dai, D.-M. Giangrasso, R. Holman, « Reward, salience, and attentional networks are activated by religious experience in devout Mormons », *Social Neurosciences*, (13/1), p. 104-116, 2016.

(117) J.-E. Young, *Cognitive therapy for personality disorders: a schema-focused approach*, Professional Resource Press, 1999.

(118) Y. Lienard, « La Thérapie des schémas expliquée par une psychiatre », https://www.questionpsy.com/pro/therapie-schemas/, 2019.

(119) A.-T. Beck, A-J. Rush, B. Shaw, G. Emery, *Cognitive therapy of depression*, New York Guilford Press, 1979.

(120) J. Cottraux, *La Répétition des scénarios de vie*, Odile Jacob, 2001.

(121) D. Dreher, « Why talking about our problems makes us feel better », *Psychology Today*, 2019.

(122) J.-W. Pennebaker, J.-K. Glaser, « Divulgation des traumatismes et fonction immunitaire : implication pour la santé de la psychothérapie », *Journal of Consulting and Clinical Psychology*, 56, p. 239-245, 1988.

(123) J.-W. Pennebaker, J.-K. Glaser, *Implications sanitaires pour la psychothérapie*, National Library of Medicine, 1988.

(124) D. Lieberman, N. Eisenberger, W. Baldwin, « Putting feeling into words », *Psychological Science*, 18(5), 2007.
D. Vago, D. Silbersweig, « Self-awareness, self-regulation: a framework for understanding the neurobiological mechanisms of mindfulness », *Frontiers in Human Neuroscience*, 6, 2012.

(125) J. Kabat-Zinn, *Méditations guidées : tout pour pratiquer la pleine conscience*, De Boeck, 2016.

(126) I. Kishimi, K. Fumitake, *Avoir le courage de ne pas être aimé*, Guy Trédaniel éditeur, 2018.

(127) X. Cornette de Saint Cyr, *Vivre l'impermanence selon Bouddha*, Jouvence, 2018.

(128) A. Butler, J.-E. Chapman, E. Forman, A. T. Beck, « The empirical status of cognitive-behavioral therapy: a review of meta-analyses », *Clinical Psychology Review*, 26(1), 2006.

(129) J.-K. Carpenter, L.-A. Andrews, S. Witcraft, M.-B. Powers, « Cognitive behavioral therapy for anxiety and related disorders: a meta-analysis of randomized placebo-controlled trials », *Depression and Anxiety*, 35(6), 2018.

(130) Étude d'évaluation de l'approche cognitivo-comportementale – https://les-tcc.com/wp-content/uploads/2018/07/document3.pdf.

(131) C. André, *Les Thérapies cognitives*, Bernet Danilo, 2002.

(132) C. Bouvet, *Introduction aux thérapies comportementales et cognitives (TCC)*, 2e édition, Dunod, 2020.

(133) C. Bonnafont, G. Bonnot, J. Chaguiboff, F. Gauquelin, M. Maynadier, J. Mousseau, J. Calvi, C. Stolowicki, *Les 10 Grands de la psychologie*, Centre d'étude et de promotion de la lecture, 1972.

(134) A. Bandura, *Social Cognitive Theory: an agentic perspective on human nature,* John Wiley & Sons Inc, 2023.

(135) I. Kotsou, A. Heeren, *Pleine conscience et acceptation : les thérapies de la troisième vague*, De Boeck Supérieur, 2011.

Composition et maquette : Soft Office

Achevé d'imprimer en septembre 2023
sur les presses de la Nouvelle Imprimerie Laballery
58500 Clamecy
Dépôt légal : septembre 2023
Numéro d'impression : 308121

Imprimé en France

La Nouvelle Imprimerie Laballery est titulaire de la marque Imprim'Vert®